Practical Cases of
MENTAL HEALTH
ASSISTANCE
for College Advisors

# 高校辅导员
# 心理助人实务案例

浙江省高校心理咨询工作联盟　◎编

ZHEJIANG UNIVERSITY PRESS
浙江大学出版社
·杭州·

图书在版编目（CIP）数据

高校辅导员心理助人实务案例 / 浙江省高校心理
咨询工作联盟编. — 杭州：浙江大学出版社，2023.8
ISBN 978-7-308-24002-4

Ⅰ．①高… Ⅱ．①浙… Ⅲ．①高等学校－辅导员－
工作－案例②大学生－心理健康－健康教育－案例
Ⅳ.①G645.1②G444

中国国家版本馆CIP数据核字(2023)第125827号

**高校辅导员心理助人实务案例**
GAOXIAO FUDAOYUAN XINLI ZHUREN SHIWU ANLI
浙江省高校心理咨询工作联盟　编

| | |
|---|---|
| 策划编辑 | 汪荣丽 |
| 责任编辑 | 高士吟 |
| 责任校对 | 郑成业 |
| 封面设计 | 春天书装 |
| 出版发行 | 浙江大学出版社 |
| | （杭州市天目山路148号　　邮政编码　310007） |
| | （网址：http://www.zjupress.com） |
| 排　　版 | 杭州林智广告有限公司 |
| 印　　刷 | 杭州宏雅印刷有限公司 |
| 开　　本 | 787mm×1092mm　1/16 |
| 印　　张 | 11.5 |
| 字　　数 | 226千 |
| 版 印 次 | 2023年8月第1版　2023年8月第1次印刷 |
| 书　　号 | ISBN 978-7-308-24002-4 |
| 定　　价 | 45.00元 |

# 《高校辅导员心理助人实务案例》
# 编委会名单

主　编　徐国斌　祝一虹

副主编　潘贤林　王　慧　米　多

编　委（按姓氏笔画排序）
　　　　叶　星　史　琼　吕信恩　朱　婷
　　　　刘　艳　孙大雁　杨雪龙　邱晓雯
　　　　余如英　张　慧　金真皓　黄皓明　梁社红

由浙江省高校心理咨询工作联盟（以下简称联盟）组织编写的《高校辅导员心理助人实务案例》一书即将出版，这是联盟继 2021 年出版《高校辅导员心理助人理论与实务》一书之后的又一重要成果。

心理健康教育是提高大学生心理素质、促进其身心健康和谐发展的教育，是高校人才培养体系的重要组成部分，也是高校思想政治工作的重要内容。习近平总书记在全国高校思想政治工作会议上指出："要坚持不懈促进高校和谐稳定，培育理性平和的健康心态，加强人文关怀和心理疏导，把高校建设成为安定团结的模范之地。"[①]党的十九大报告要求："加强社会心理服务体系建设，培育自尊自信、理性平和、积极向上的社会心态。"党的二十大报告提出："坚持为党育人、为国育才，全面提高人才自主培养质量，着力造就拔尖创新人才。"这对高校加强思想政治工作、提升心理健康教育成效提出了全方位的要求。辅导员是大学生思想政治教育的骨干力量，在大学生心理健康教育中扮演着十分重要的角色，因此，加强辅导员能力素质建设，不断提高辅导员队伍的专业水平和职业能力，是高校落实立德树人根本任务的一项基础性工程。

浙江省教育厅一直以来都高度重视大学生心理健康教育工作，致力于为我省高校辅导员心理健康教育工作领航赋能。为了持续加强辅导员心理助人能力建设，提升辅导员职业化专业化水平，2016 年，在浙江省教育厅宣传教育与统战处的积极倡导下，由浙江大学牵头成立了浙江省高校心理咨询工作联盟，中国美术学院、浙江工业大学、浙江师范大学、宁波大学、浙江理工大学、浙江工商大学、中国计量大学、温州医科大学、浙江金融职业学院等省内众多高校共同参与其中，向联盟注入本校的优质专业师资和资深思政力量。自成立以来，联盟扎实推进了多项卓有成效的工作，浙江省新任辅导员心理助人能力培训项目便是其中一项重要的工作。浙江省教育厅宣传教育与统战处于 2018 年 2 月开始筹备浙江省新任辅导员心理助人能力培训项目，包括制定培训大纲，组织师资备课等。在联盟各高校的大力支持和辛勤努力下，2021 年 8 月联盟编写出版了《高校辅导员心理助人理论与实务》一书，之后又紧锣密鼓地对《高校辅

---

① 习近平：把思想政治工作贯穿教育教学全过程 [EB/OL].（2016-12-08）[2023-07-15]. http://jhsjk.people.cn/article/28935836.

导员心理助人实务案例》一书的初稿进行了补充和进一步的编撰，经过两年多的努力，本书也将付梓出版。本书的出版为我省辅导员心理助人能力水平建设提供了有力的支撑，这不仅是联盟的重要成果，也是浙江省高校心理健康教育工作的重要成果。

　　学生的成长不是一蹴而就的，辅导员心理助人也是一个长期的过程，《高校辅导员心理助人实务案例》一书以个案作为切入点，围绕辅导员心理助人的过程和成效，着眼于解决实际问题和学生的成长，对省内高校辅导员心理助人的实践案例进行了遴选梳理和凝练，形成了 21 个具有典型指导意义的心理助人实务案例。《高校辅导员心理助人实务案例》聚焦于辅导员心理助人的全过程，用富有成效的案例生动地呈现了辅导员在学生心理助人一线的工作实际，有助于读者更加身临其境地体会和消化其中的实践经验。全书案例丰富、深入浅出、可读性高、可操作性强，是一本兼具理论性、经验性和实用性的著作。相信本书能与《高校辅导员心理助人理论与实务》一起，成为高校专兼职辅导员、班主任、导师以及其他高校学生工作者开展心理健康教育的参考用书，为提升高校辅导员心理助人专业化能力，提升大学生心理健康教育成效提供有力的理论与经验支撑。

浙江省教育厅宣传教育与统战处处长　　陈　雷

2023 年 7 月

党的十八大以来，习近平总书记高度重视大学生心理健康教育工作，曾在多次讲话中强调，培养青年学生理性平和的健康心态，是高校育人的重要方面，事关全面贯彻党的教育方针、落实立德树人的根本任务，对推动大学生心理健康教育高质量发展具有指导意义。党的二十大报告中明确指出，"办好人民满意的教育"，"全面贯彻党的教育方针，落实立德树人根本任务，培养德智体美劳全面发展的社会主义建设者和接班人。"

浙江大学始终高度重视大学生心理健康和成长成才，深入学习贯彻习近平新时代中国特色社会主义思想和党的二十大精神，将高校学生心理健康教育作为思想政治工作的重要内容。自 2016 年成立浙江省高校心理咨询工作联盟（以下简称联盟）以来，我校多年来积极支持配合浙江省教育厅的相关工作，联合省内兄弟高校心理健康工作力量，切实推动联盟工作顶层设计和统筹部署。近年来，联盟工作取得有效进展，成果显著。联盟推动完善的《浙江省高等学校学生心理健康教育工作基本建设标准》切实提高了我省高校心理工作的规范化、标准化水平；联盟出版的《高校辅导员心理助人理论与实务》为辅导员队伍在心理助人工作领域提供了更有力的科学支撑和专业保障。

在新的时代背景下，学生心理健康更关乎校园安定团结和社会和谐稳定。2023 年初，教育部等十七部门联合印发的《全面加强和改进新时代学生心理健康工作专项行动计划（2023—2025 年）》提出，"坚持健康第一的教育理念，切实把心理健康工作摆在更加突出位置"，"把健康作为学生全面发展的前提和基础，遵循学生成长成才规律，把解决学生心理问题与解决学生成才发展的实际问题相结合"。该行动计划还提出："遴选优秀案例。支持有条件的地区和学校创新学生心理健康工作模式，探索积累经验，发挥引领和带动作用。"由联盟编委会编写的《高校辅导员心理助人实务案例》一书，正是聚焦当前新形势、新问题，研讨交流高校学生心理健康教育工作典型经验与特色做法的实践性著作。

作为同 2021 年出版的《高校辅导员心理助人理论与实务》一书相配套的工作实务案例集，《高校辅导员心理助人实务案例》一书自 2019 年开始策划编写，于 2021 年形成初稿。编委会不断吸取各高校专家的意见和建议，结合新的形势和挑战，对本书进行持续修订和完善。本书立足辅导员心理健康教育工作实际，聚焦辅导员心理助人能力提升，收集汇总了浙江省内近 10 所高校的 25 名一线资深辅导员在面对学生心理健康困扰、突发事件发生时的心理助人工作实践案例。本书汇集的 16 类个体案例分别涵盖了学业困难、家庭困扰、导学关系、抑郁障碍、自杀危机干预等多个常见的心理困扰主题。本书中的每个工作案例均由"案例概述""问题分析""辅导员工作策略"和"咨询师建议"这四重结构组成，全景式地剖析辅导员心理助人工作中的关键环节与实践经验，充分体现了我省高校辅导员和专职心理健康教师对心理助人工作的深入思考、探讨心得和规律总结。此外，本书还收录了 5 例团体心理辅导助人工作案例，涵盖了线上团体辅导、沙盘游戏、班级团体辅导和家长团体辅导等多种形式和主题，为辅导员在日常工作中开展宣传教育和班团建设提供了一定的专业方案参考。

编辑出版本书，旨在凝练总结近年来我省高校学生心理健康教育工作的有关经验和做法，进一步推动联盟高校战线全面改进和优化新时代学生心理健康工作。我们期望通过此书的出版，不断促进与国内兄弟院校、社会同行的交流互鉴，培育学生热爱生活、珍视生命、自尊自信、理性平和、乐观向上的心理品质和不懈奋斗、荣辱不惊、百折不挠的意志品质，有效促进学生思想道德素质、科学文化素质和身心健康素质协调发展，为培养担当民族复兴大任的时代新人尽一份心力。

徐国斌

2023 年 7 月于浙大紫金港

CONTENTS 目录

# 一、高校心理育人工作视域下的辅导员心理助人工作

## （一）三全育人背景下高校心理育人工作的基本原则与要求

2017 年，中共中央、国务院在《关于加强和改进新形势下高校思想政治工作的意见》中提出坚持全员、全过程、全方位育人（简称"三全育人"）的要求。2019 年，全国高校思想政治工作会议上，习近平总书记指出："高校思想政治工作关系高校培养什么样的人、如何培养人以及为谁培养人这个根本问题。要坚持把立德树人作为中心环节，把思想政治工作贯穿教育教学全过程，实现全程育人、全方位育人，努力开创我国高等教育事业发展新局面。"① 这提出了新时代育人的使命、原则和方式途径，赋予了"三全育人"新的时代内涵。具体来说，"三全育人是指高校以立德树人为根本任务，整合学校各项教育工作、育人元素，挖掘校内外资源，创新育人方式、搭建育人平台，构建全员育人、全过程育人、全方位育人的育人体系"②。全员育人要求高校所有教职工必须围绕学生、关照学生、服务学生，参与到育人工作中来；全过程育人要求把学生作为一个完整的人，从全生命周期视角来开展工作；全方位育人要求育人的方法和路径多样化。2017 年，中共教育部党组印发的《高校思想政治工作质量提升工程实施纲要》中，把心理育人作为高校育人十大体系之一，提出："充分发挥课程、科研、实践、文化、网络、心理、管理、服务、资助、组织等方面工作的育人功能，挖掘育人要素，完善育人机制，优化评价激励，强化实施保障，切实构建'十大'育人体系。"心理育人是立德树人体系的重要组成部分，有助于提升高校思想政治教育工作质量。高校心理育人工作在三全育人理念的指导下，要不断革新理念，推动工作队伍、体制机制、服务形式的创新，推动高校的心理健康工作进入新时代。

---

① 习近平：把思想政治工作贯穿教育教学全过程 [EB/OL]. (2016-12-08)[2023-06-15]. http://jhsjk.people.cn/article/28935836.

② 吴艳，韩君华．"三全育人"背景下高校心理育人工作的路径选择 [J]. 学校党建与思想教育，2020(11):77.

## 1.三全育人背景下心理育人工作原则

（1）价值引导原则。在我国，心理健康教育作为高等教育的重要组成部分，承担着培养学生成长成才的重要使命，必须坚持正确的价值导向。"作为整个教育大系统的组成部分，心理健康教育显然不是教育领域的'另类'或'叛逆者'，它也不是达到其他教育目的的工具或手段，更不是徘徊在教育'价值'之外的幽灵。它提倡多元，但绝不意味着放弃理想；它强调宽容，但绝不等于放纵；它包容差异，但绝不意味着放弃责任；它倡导平等对话，但也拒绝迁就话语顺从。"[①]心理育人作为思想政治教育十大育人体系之一，承担着培养社会主义合格建设者和可靠接班人的重要使命，这就要求必须坚持社会主义核心价值观。首先，我国的高校是中国特色社会主义大学，承担着培育时代新人的伟大任务，时代新人既要有崇高的理想、过硬的本领，还要有实现民族复兴大业的担当精神。心理育人作为高校育人体系的一部分，应该同向同行，在学生心理品质和素养的培育中，主动渗透理想信念教育、爱国主义教育和道德品质教育。其次，从年龄特点上看，青年期是价值养成的关键时期，青年正处于世界观、人生观和价值观形成和确立的黄金期，抓好这一时期的价值观养成非常重要。再次，中国特色社会主义进入新时代，随着改革开放和市场经济的进一步发展，社会矛盾和问题不断凸显，引发了社会震荡，并给人们造成了巨大的心理压力。在此过程中，大学生也受到了或多或少的影响，部分大学生出现了焦虑、紧张、愤怒、怨恨等负面情绪，不仅影响个体的成长和发展，也给社会发展带来了巨大的隐患。高校的心理育人工作在关注大学生情绪情感的同时，也要充分关注大学生的思想问题。在尊重青少年心理发展规律和成长特点基础上施以正确的引导，引导学生形成正确的是非观、义利观、成败观、群己观等价值观念，帮助他们扣好人生的第一颗扣子，促进他们的健康成长和发展。最后，价值观引领有助于提高大学生的心理健康水平。价值观引领不仅是心理育人的目标指归，也是提高大学生心理健康水平的重要途径。在实践中我们发现，大学生的心理和思想往往交织在一起，有时候看起来是心理问题，其实背后隐藏着扭曲的世界观、人生观和价值观。提高大学生的思想认识水平和道德水平，引导他们重新思考人生的意义和价值追求，有助于心理问题的根本性解决。

（2）以学生为中心原则。传统教育强调教师是教育教学的主体，学生是教育教学的客体，学生在教师有计划、有目的、有步骤的安排下完成学习任务。随着现代教育的发展和教育理念的不断更新，学生的主体地位和作用逐渐凸显。人本主义心理学家罗杰斯（Carl Rogers）等人提出"以来访者为中心"的理念，后被教育领域广泛接受。罗杰斯倡导"无条件积极关注"，认为无条件积极关注可以促进个体能力的充分发挥。这种关注意味着全然的接纳和认可，并挖掘出个体自身的能力、资源和积极特征。

---

① 张忠, 陈家麟. 论道德健康与心理健康——兼议心理健康教育功能、价值、目标的拓展 [J]. 教育理论与实践, 2007（11）: 55.

罗杰斯还认为，传统的教师主导模式没有以学生为中心，没有多大意义。他认为教师应该担任促进者的角色，教师的主要任务不是传授学生知识和技能，更重要的是提供学习资源，营造学习氛围，让学生自主学习。高校的心理育人工作要尊重学生的主体地位，始终以学生为中心开展心理育人各项工作。一方面，以学生为中心，可以增强学生的掌控感，形成"自己是心理健康的第一负责人"的意识，对自己的思想和行为负责，并主动按照社会的要求调整自己的思想和行为。另一方面，以学生为中心，可以促进学生可持续发展的能力。主体意识的提升，可以促进学生对自我、他人和社会的主动探索，促进与自我、与他人、与社会的良好互动，促进可持续发展。高校开展心理育人工作，在工作理念上，强调以学生为中心，要不断革新育人观念，围绕学生、关心学生、服务学生；在工作方法上，既要因材施教，根据不同学生的特点施以不同的教育，又要根据自己的专业所长，采用不同的育人方式；在具体工作路径上，各职能部门要树立解决心理问题、思想问题与解决实际问题相结合的思想，在解决学生的具体实际问题中实现心理育人目标。

（3）显性教育与隐性教育相结合原则。新形势下开展心理育人工作必须既要注重显性教育，又要重视隐性教育，二者相互作用，共同促进心理育人目标的实现。显性教育是相对于隐性教育而言的，是指用明显的、有形的方式开展的教育，其最大的特点就在于旗帜鲜明地阐明观点和主张，获得学生的认同；隐性教育则是指用无形的教育方式，潜移默化地影响人的教育方式，其最大的特点在于以渗透的、润物细无声的方式使学生形成正确的思想和行为。课堂教学、宣传教育活动等显性教育是心理育人的主要方式。在心理健康教育的课程教学中，根据新时期要求，对教育理念、教学内容、教学方法、教育载体、师资队伍等方面进行革新，根据"00后"大学生的特点和时代新人的成长要求，明确大学生应该具备的心理品质和素养结构，同时在教学中融入思政元素，强化中国传统文化、哲学、历史等方面内容的渗透，帮助学生形成正确的世界观、人生观和价值观。专业教学中，主动将心理育人元素融入专业知识的讲授中，释放专业课程的心理育人内涵和育人力量。信息化时代，要特别强调课程教学方式创新，充分运用网络新媒体平台，通过微课、漫画等形式开展形式多样的教学，使课堂教学更有亲和力和感染力。隐性教育方面，要重视心理育人环境的强大作用，注重从社会环境和校园环境入手，不断优化心理育人的环境。一方面，优化社会大环境。大学校园作为一个开放的系统，必然与社会大环境相互作用。社会政治、经济、文化等方面的变革必然对大学生的理想信念、道德品质、价值取向产生影响。社会总体氛围积极、健康、向上，就会对大学生形成正面影响，反之，如果社会总体氛围消极、悲观、颓废，则会对大学生产生负面影响。因此，必须净化社会环境，形成自尊自信、理性平和、积极向上的社会心态，为高校心理育人提供稳固的外部环境。另一方面，优化校园文化环境。校园文化环境具有强大的育人功能，是心理育人的重要因素。社会实践、志愿服务、社团活动等第二课堂活动是育人的重要方式，校容校貌、教学设施以及校园的一草一木，都具有强大的育人功能。因此，需要加强校园环境建设，切实发挥校园环境的心理育人功能。

### 2.三全育人背景下心理育人工作要求

（1）明确立德树人的心理育人目标。高校的立身之本在于立德树人。党的十八大以来，习近平总书记在不同场合多次强调教育的根本任务，"要坚持把立德树人作为中心环节"[①]，"坚持把立德树人作为根本任务"[②]，"要把立德树人融入思想道德教育、文化知识教育、社会实践教育各环节，贯穿基础教育、职业教育、高等教育各领域，学科体系、教学体系、教材体系、管理体系要围绕这个目标来设计"[③]。立德树人关乎教育的成败，关乎党和国家的前途和命运。心理育人作为高校育人体系的重要组成部分，应主动提高站位，站在培育时代新人的战略高度来确立工作目标。首先，要明确心理健康教育的定位。立德树人视域下的心理育人工作，要改变传统的心理健康教育"克服心理障碍""解决痛苦"的单一思维模式，不仅要关心学生的心理困扰，还要关注学生的理想信仰、道德品质、价值取向、精神成长等深层次的问题，提高大学生的道德修养。其次，立德树人要以社会主义核心价值观为指引。习近平总书记强调："要坚持不懈培育和弘扬社会主义核心价值观，引导广大师生做社会主义核心价值观的坚定信仰者、积极传播者、模范践行者。"[④]这就要求高校的心理育人建设必须坚持以社会主义核心价值观为引领，引导大学生深刻理解、准确把握社会主义核心价值观的深刻内涵，在自觉践行社会主义核心价值观的过程中实现精彩人生。社会主义核心价值观从国家、社会、个人三个层面阐明了"德"的内涵，明确了"德"的方向，为高校开展心理育人工作和大学生的成长发展指明了方向。最后，引导学生树立马克思主义信仰。相关实证研究表明，精神信仰对大学生的心理健康具有一定的作用。持社会主义信仰的大学生一般具有强烈的爱国主义热情和改造社会的热情，对国家、社会、民族充满希望。他们从"小我"中走出来，融入社会发展的"大我"，他们自信、乐观，不易产生焦虑、抑郁等心理健康问题；而持实用主义信仰的人太过关注眼前的利益，总是计较自己的得失，更容易产生心理健康问题。[⑤]大学生正确的思想、观念和行为不是自发形成的，精神信仰起着重要的作用。马克思主义是科学的世界观和方法论，作为精神构建、人

---

① 习近平：把思想政治工作贯穿教育教学全过程 [EB/OL]. (2016-12-08)[2023-06-15]. http://jhsjk.people.cn/article/28935836.

② 习近平：坚持中国特色社会主义教育发展道路　培养德智体美劳全面发展的社会主义建设者和接班人 [EB/OL]. (2018-09-10)[2023-06-15]. http://jhsjk.people.cn/article/30284598.

③ 同上。

④ 习近平在北京大学考察时强调　坚持中国特色世界一流大学建设目标方向　为服务国家富强民族复兴人民幸福贡献力量 [EB/OL]. (2021-04-19)[2023-06-15]. http://jhsjk.people.cn/article/32082047.

⑤宋兴川，金盛华，李波．大学生精神信仰与心理健康的关系 [J].中国心理卫生杂志，2004（8）:556.

性提升、意义追寻的一种方式，为大学生心理健康和高校心理育人工作提供思想导向。

（2）完善统筹决策的顶层设计。2018年，教育部颁发的《"三全育人"综合改革试点工作建设要求和管理办法（试行）》文件指出："全面统筹办学治校各领域、教育教学各环节、人才培养各方面的育人资源和育人力量，从体制机制完善、项目带动引领、队伍配齐建强、组织条件保障等方面进行系统设计，从宏观、中观、微观各个层面一体化构建育人工作体系，实现各项工作的协同协作、同向同行、互联互通。"心理育人要加强顶层设计，统筹推进各个层面工作，形成育人的合力。各级教育行政主管部门，要出台心理育人和心理健康教育的相关文件，明确心理育人的目标、任务、评价和考核等环节。同时，更高站位统筹家庭、社区、媒体等方面的力量，普及心理健康教育知识，提高心理健康意识。例如，举办"家长课堂"，促进家长对心理健康知识的了解，转变唯分数论应试教育的思想，并有意识地为孩子的健康成长营造良好的家庭环境。高校作为心理育人的主要实施平台，应高度重视心理育人工作，把心理育人工作纳入全校整体育人框架。出台相关文件和制度，提高师生心理育人的意识和观念，整体推进育人工作。同时，根据心理育人的要求，统筹推进心理育人的学科建设。传统的心理健康教育、咨询和督导等工作的理念和方法均来自心理学学科，与思想政治教育学、教育学、社会学等学科联系不够紧密。随着心理育人理念的提出和人才培养的新要求，单一的心理学科支撑已经不能回应高校培育时代新人的总目标。心理育人要突破学科藩篱，主动学习思想政治教育学、教育学、社会学的理念和方法，从多学科角度探索心理育人工作。学院作为心理育人工作的主要实施单位，要主动创新形式，承担起引导大学生健康成长的责任。通过主题讲座、沙龙、心理剧大赛等形式多样的活动，提高学生心理素养和心理品质。同时，设立二级心理辅导站，推进学院心理健康教育工作的专业化发展。

（3）确立协同育人的工作理念。高校的心理育人工作应坚持整体性、系统性思维。从整体出发，全面统筹协调学校育人要素，推进各育人要素发挥作用、同向同行。在全员育人方面，充分发挥学校心理健康教育专职教师、辅导员、班主任、专业教师、行政管理人员、后勤、医院等方面的力量，构建一支以心理健康专职教师为主体，辅导员为骨干，其他人员为补充的心理育人队伍。专职教师拥有专业的理论知识和实践经验，是高校心理咨询和心理健康教育的主要力量，在心理育人工作中具有主导作用。要注重提升专职教师的思想素质、道德素养与育人意识，实现"育心"与"育德"相统一。辅导员是心理育人工作的骨干力量，一方面，要提升辅导员心理健康教育专业化要求，开展系统的心理专业知识和技能培训；另一方面，辅导员要有意识地对学生进行思想引领和价值引领，做学生成长的引路人。提高行政管理人员管理和服务意识，从解决学生实际问题入手，解决学生的思想问题。加强对宿管、安保等后勤管理人员的培训，提高他们的育人意识和风险应对能力。在全过程育人方面，提升心理育人的连贯性和连续性，并且针对不同群体的特点和需要分层分类开展工作。根据不同年级学生的不同特点和发展任务，提供不同的心理指导。例如，大一可以在新生适应、人际关系、人生方向和目标等方面提供指导；大二可以在专业发展、学习态度等方面给予指导；大三可以在未来方向选择、情绪情感等方面给予指导；大四可以在择业观、就业观以及压力管理等方面给予指导。同时针对学业、心理、经济等方面的困难生给予不同的指导。在全方位育人方面，把心理育人融入学校工作的各个环节，渗透到教学、科研、管理、实践、资助等环节中，发挥育人的综合效应。

### （二）社会变迁背景下辅导员心理助人工作面临的新形势

#### 1.新时代社会主要矛盾变化对心理育人提出新挑战

党的二十大报告提出："育人的根本在于立德。全面贯彻党的教育方针，落实立德树人根本任务，培养德智体美劳全面发展的社会主义建设者和接班人。"坚持党对高校的全面领导是新时代中国特色社会主义教育事业发展的根本保证，立德树人是发展中国特色社会主义教育事业的根本任务，深刻把握二者内在统一关系是办好中国特色社会主义大学的关键所在。新时代新征程，坚持和加强党对高校的全面领导要以"立德"为根本、以"树人"为目标，坚持为党育人、为国育才的初心，确保高校始终成为落实立德树人根本任务、培养堪当民族复兴重任的时代新人的坚强阵地。高校的心理育人存在心理育人的实然现状与应然要求之间的矛盾，大学生的心理健康状况表现出不平衡不充分的发展矛盾。具体而言，不平衡一方面表现为大学生主体自身发展的不平衡，某些心理品质发展得好，某些心理品质发展得不好；另一方面表现为大学生个体之间存在巨大差异，有些人整体心理品质发展得好，有些人心理品质发展有短板。不充分指的是高校心理育人的资源和方式不能充分满足学生的成长和发展，心理育人观念有待提高，心理育人的举措有待挖掘。面对新时代新的矛盾和问题，为提高心理育人的有效性，迫切需要高校的心理育人工作转变观念，创新心理育人的新机制，构建大学生心理育人的新格局。

#### 2.新时代培育时代新人的总目标对心理育人提出新要求

党的二十大报告强调要坚持教育优先发展、科技自立自强、人才引领驱动。高校是培养基础研究人才的主力军，是建设世界人才高地的重要阵地。要把人才培养作为学校事业发展的重中之重，牢牢抓住全面提高人才培养能力这个核心点，为实现高水平科技自立自强提供源源不竭的人才支撑。新时期培养的高素质人才应当具有崇高的理想、过硬的本领、强烈的责任担当等基本素养。然而，目前高校面临的新环境、新问题，给心理育人增加了难度，对培育时代新人总目标的实现提出了挑战。改革开放

40 多年来，中国发生了翻天覆地的变化，政治、经济、文化、社会等方面都飞速发展。在享受社会高速发展和丰富物质财富的同时，人们的心理和社会心态也受到了强烈的冲击，有些人忘却对意义的追寻、价值的思考和灵魂的关注，出现了焦虑、迷茫、困惑、烦躁、压抑、怨恨等负性社会心态。这种现象映射到大学校园里，大学生的心理也呈现出复杂化、多元化、多变性等特点。市场经济的持续发展，带来了生产力高度发展的同时也使部分大学生陷入了拜金主义、享乐主义、个人主义的泥淖；各种社会思潮的涌入，对大学生的价值观念造成冲击，大学生出现了不同程度的思想迷茫和价值迷失；日趋激烈的竞争和就业压力，造成了大学生心灵的动荡，出现了焦虑、抑郁、愤怒、无奈等负面心态。这些严重影响了学生的健康成长，对高校的心理育人工作提出了新的挑战。新时代高校心理育人工作要在大学生的理想信仰、价值引领、人格塑造、积极心态和心理品质提升方面发挥更大的作用，为培育时代新人的总目标发挥更大的作用。

### 3.高校心理育人"孤军奋战"的现状对心理育人提出新任务

当前，对于高校内部而言，心理育人的全员、全过程、全方位合力育人局面没有形成。首先，全员协同意识不够。心理健康教育专职教师拥有专业的知识和素养，对有心理问题和心理障碍的学生提供专业化的服务，但跟各院系的衔接、开展针对性的工作力度不够。辅导员对学生的心理和思想引导具有高度的责任感，但专业素养有待提升，同时由于工作繁杂，限制了心理育人作用的发挥。各专业教师心理育人的意识不强，开放吸纳的意识不够，认为心理健康教育必须专业化、职业化，心理育人应该是心理健康教育专职教师的事情，专业课教学不愿意融入心理育人的元素。学校管理人员长期以来存在认知误区，认为学生的心理疏导和思想引领是心理健康教育专职教师和辅导员的责任，不在自己的工作范围之内，养成了在和学生业务对接中出现了问题就找辅导员处理的意识。学校后勤人员认为给学生提供好服务保障就可以，至于解决学生心理和思想困扰不在自己的职责范围内。其次，全过程心理育人意识不够。存在重视低年级、忽视高年级；重视两端学生、忽视中间学生的现象。最后，全方位育人意识不够。存在心理育人与教学育人、科研育人、实践育人、资助育人、组织育人等相脱节的现象。针对心理育人"孤军奋战"的现状，学校应统筹规划，创造条件，引导辅导员发挥黏合作用，实现高校心理育人的同向同行。

### （三）辅导员在高校心理助人工作中的角色定位与优势

#### 1.承担心理健康教育者的角色

高校辅导员最重要的职责就是对大学生进行思想政治教育。2017 年 10 月 1 日起施行的《普通高等学校辅导员队伍建设规定》指出："辅导员是开展大学生思想政治教育的骨干力量，是高等学校学生日常思想政治教育和管理工作的组织者、实施者、指导者。辅导员应当努力成为学生成长成才的人生导师和健康生活的知心朋友。"该规定同时也指出辅导员的主要工作职责有思想理论教育和价值引领。在政策导向的基础上，推动实践项目的落实，根据《2006—2010年普通高等学校辅导员培训计划》，分批选拔辅导员攻读硕士和博士学位。辅导员具备良好的政治素养，是开展思想政治教育工作的骨干力量。心理育人工作是高校辅导员进行思想政治教育的重要内容。一方面，辅导员通过开设心理健康教育通识选修课，在教授心理健康知识和技能的同时，渗透思想政治教育，实现育心与育德的结合。另一方面，辅导员在日常管理中促进大学生思想政治教育和心理健康教育的结合，运用一定的心理健康教育理念和方法，把思想政治教育的要求内化到学生的认知结构中，同时外化为一定的行为表现。

### 2.成为心理健康教育的专家

辅导员队伍的专业化发展是高校立德树人重要任务实现的保证，更是促进大学生个体成长的重要因素。"作为高校教师队伍和管理队伍的重要组成部分，辅导员是高校思想政治工作体系的重要支撑力量，其专业化水平是满足学生需求和期待、促进学生成长成才和全面发展的重要影响因素。"[1]高校辅导员应在大学生心理健康领域发挥更大的作用，成为心理健康教育的专家。这既是解决高校专业咨询资源不足的方式，更是辅导员专业化发展的题中应有之义。随着竞争的加剧，大学生普遍面临学业、就业、人际、婚恋等多重压力，他们无法适应也无法解决这些问题，心理健康问题日益凸显。辅导员应提升专业水平，提高问题解决的能力。首先，辅导员应成为心理健康知识的宣教者。通过第一课堂教学、指导学生社团、心理讲座、心理沙龙、心理微课等形式全方位、多角度宣传心理健康知识，增强学生心理健康的意识，提高心理健康能力。其次，辅导员应成为心理问题的识别者和处理者。辅导员通过系列心理健康知识和实务培训，掌握识别一般心理问题、障碍性问题和精神病性问题的知识和技能，做到在实际工作中早发现、早处理。最后，辅导员在开展心理健康相关研究时，应做到理论与实践相结合。

### 3.承担心理健康管理者的角色

2014年，教育部印发的《高等学校辅导员职业能力标准（暂行）》规定："辅导员是高等学校教师队伍和管理队伍的重要组成部分，具有教师和干部的双重身份。辅导员是开展大学生思想政治教育的骨干力量，是高校学生日常思想政治教育和管理工作的组织者、实施者和指导者。"可见，辅导员除了具有教育者的角色之外，还应当承担

---

① 邬小撑.新时代高校辅导员专业化发展指向论析[J].思想理论教育，2021（5）:102.

管理者的职能。随着时代的发展和社会压力的增大，大学生的心理问题日益严峻，关注大学生的心理健康问题，做好心理健康的管理刻不容缓。"心理健康管理就是对个人、群体的心理健康危险因素进行全面监测、分析、预测、预防，通过心理健康监测、心理健康评估、心理健康教育、心理危机干预等内容，建立心理健康档案，定期对个人心理健康状况进行评价，随时掌握身体状况。"[1]首先，建立健全体制机制。制定心理健康方面的文件，院系顶层设计上统一思想，增强意识，充分认识学生心理健康管理工作的重要性。把学生的心理健康教育融入院系的教学、科研、管理中去，提高专业教师、管理队伍的心理育人意识，形成齐抓共管的局面。其次，开展全方位动态监控。开学初，辅导员通过新生访谈、查阅档案等方式，筛查问题，并通过一对一谈话等形式掌握情况并提供帮助。日常管理中，对经济困难、学业困难的学生给予高度关注，防止因经济、学业原因而产生心理问题。在重要时间节点，如考试、就业等，给予学生特别关注，针对学生的疑惑和问题给予及时的指导。最后，营造良好的心理健康环境。通过形式多样的文化、体育、科技、社会实践等活动，营造积极向上的氛围，为学生心理健康提供良好的环境。

## 二、辅导员的学生心理健康管理工作

### （一）辅导员在学生心理健康管理工作中的重要性

2016 年，习近平总书记在全国卫生与健康大会上发表的讲话中强调："要加大心理健康问题基础性研究，做好心理健康知识和心理疾病科普工作，规范发展心理治疗、心理咨询等心理健康服务。"[2]2023 年 5 月，教育部等十七部门联合印发《全面加强和改进新时代学生心理健康工作专项行动计划（2023—2025 年）》（以下简称《行动计划》）。《行动计划》将部署开展八项重点工作：一是五育并举促进心理健康，坚持学习知识与提高全面素质相统一，培养德智体美劳全面发展的社会主义建设者和接班人。二是加强心理健康教育，开设相关心理健康课程，发挥课堂教学作用，关注学生个体差异，帮助学生掌握心理健康知识和技能。三是规范心理健康监测，坚持预防为主、关口前移，定期开展学生心理健康测评。四是完善心理预警干预，健全预警体系，加强物防、技防建设，及早发现学生严重心理健康问题，畅通预防转介干预就医通道，及时转介、诊断、治疗。五是建强心理人才队伍，提升人才培养质量，配齐心理健康教师，畅通教师发展渠道。六是支持心理健康科研，开展学生心理健康基础性、前沿

① 曹缨，姜春燕.大力推进健康管理 努力构建和谐社会 [J]. 医药产业资讯，2006（15）:281.
② 把人民健康放在优先发展战略地位 努力全方位全周期保障人民健康 [EB/OL]. (2016-08-21)[2023-06-15]. http://jhsjk.people.cn/article/28652210.

性和国际性研究，推动成果应用。七是优化社会心理服务，提升社会心理服务能力，加强家庭教育指导服务，加强未成年人保护。八是营造健康成长环境，广泛开展学生心理健康知识和预防心理问题科普，推广学生心理健康工作经验做法，加强日常监督管理。

大学生心理健康管理是高校思政教育工作的重要内容，加强大学生心理健康管理是提升思政教育质量、推动工作内涵式发展的重要方式。"心理"与"育人"两者之间存在内在逻辑关系，通过"心理"教育实现"育人"目标，通过"育人"实践促进"心理"发展，两者密切相关，高度统一于学生的思想政治教育实践中，并在更深的层面真正实现学生的心理与人格健康的发展。①而这无疑对高校思政教师，特别是广大辅导员群体的工作能力与业务素质提出了更高的要求。

《普通高等学校辅导员队伍建设规定》和《高等学校辅导员职业能力标准（暂行）》均明确规定，做好学生心理健康教育与咨询工作是高校辅导员的重要职责之一，辅导员要有心理健康教育与咨询的职业能力。《高等学校辅导员职业能力标准（暂行）》则进一步对辅导员心理健康教育与咨询的工作内容、能力要求等做出明确要求。可见高校辅导员既是学生日常思想政治教育和管理工作的一线力量，也是大学生心理健康管理的重要力量，辅导员在学生心理健康管理工作中起到"教育引导"的重要作用，即教授心理健康知识，培育良好意志品质，引领积极行动方向，开导不良思维情绪。

### 1. 做好学生心理健康管理有利于推动思想政治教育工作发展

2018 年 7 月，教育部印发的《高等学校学生心理健康教育指导纲要》明确指出："心理健康教育是提高大学生心理素质、促进其身心健康和谐发展的教育，是高校人才培养体系的重要组成部分，也是高校思想政治工作的重要内容。"②新时代背景下，党对高校心理健康管理体系的建设和辅导员业务能力提出了更高更明确的要求。高校辅导员一方面要协助配合学校心理健康教育部门开展心理健康普查、心理课程教育等工作；另一方面要切实根据学生生理、心理发展特点和规律，精心策划、积极组织、认真指导学生开展各类心理健康实践活动。坚持育心与育德相结合，加强人文关怀和心理疏导，形成课内与课外、教学与实践、引导与自助紧密结合的心理健康管理工作体系。努力培育学生理性平和、乐观向上的健康心态，以育心促育人，全面提升学生心理健康管理工作实效。

---

① 欧阳丹.高校心理育人的内涵、特点与实践 [N]. 中国社会科学报，2020-12-04(7).
② 中共教育部党组关于印发《高等学校学生心理健康教育指导纲要》的通知 [EB/OL]. (2018-07-06)[2023-06-15]. http://www.moe.gov.cn/sresite/A12/moe1407/s3020/ 201807/t20180713342992.html.

### 2.做好学生心理健康管理有利于促进学生身心健康成长

面对日趋激烈的社会竞争，来自学业、工作、情感、经济等方面的压力，容易导致学生产生各种情绪困扰和心理问题。作为"离学生最近的人"，辅导员与学生年龄相仿、兴趣相近，日常交往频繁，容易赢得学生信任，能够与学生产生情感共鸣，因此辅导员通常是学生心理健康问题的直接接触者。辅导员通过发挥课堂教学主渠道作用，帮助学生掌握心理健康知识和技能，树立自助互助求助意识，学会理性面对挫折和困难。辅导员通过组织开展体育、美育、劳动教育以及校园文化活动，全方位促进学生心理健康发展。当学生出现情绪波动时，辅导员能够及时对其进行心理辅导和情绪疏导，指导其正确认知事物的发生发展，防止学生心理问题进一步恶化，引导和帮助学生克服暂时的心理障碍，维护学生的身心健康。

### 3.做好学生心理健康管理有利于保障师生安全校园稳定

学生心理健康问题正出现低龄化、隐秘化、疾病化的趋势。在日常工作中，辅导员通过普查和个别谈话等方式排查出需要特别关注的学生，积极发挥学生骨干、班主任、任课老师的作用，给予密切关注与帮扶。对于各类存在心理障碍的学生，辅导员需及时报备学校心理健康管理部门，协助联络校内外相关专业人员进行研判，及时将干预方案告知家长，与家长共同商定任务分工。面对学生心理危机事件，如学生出现自杀自伤、伤人毁物倾向等严重心理危机时，辅导员要第一时间在各相关部门指导下按照科学、规范的程序进行有效处理，合力将危机风险降至最低，保障师生安全、校园稳定。

### 4.做好学生心理健康管理有利于完善管理育人工作体系

信息化、精细化管理既是学生心理健康管理工作的必然要求，也是管理育人工作体系的重要体现。通过打造"全员参与、全过程融入、全方位联动"的"三全"心理育人格局，搭建院—系—班—寝"四级"心理育人工作网络，拓展进课堂、进班级、进寝室、进支部、进网络的"五进"心理育人载体，建立认识到位、预防到位、教育到位、干预到位、帮扶到位、跟踪到位的"六到位"闭环式心理育人模式，从而实现心理健康教育与思想政治教育同向同行、同频共振，确保打通育人工作"最后一公里"，从而提升学生心理健康管理工作的科学性、针对性和有效性。

### 5.做好学生心理健康管理有利于提高队伍专业化水平

目前高校进行心理健康教育管理的主体是心理咨询师和辅导员，但大学生心理健康管理是一项系统工程，需要专业教师、学生骨干、家庭成员等多方力量参与配合，才能形成育人合力，最大程度发挥育人功能。目前大多数辅导员都缺少正规、系统的心理学知识和技能训练，这就制约了心理辅导工作的开展。在落实学校各项制度的基础上，通过开展各类专业培训和实践体验，提升辅导员心理学的基本理论知识，积累工作经验，帮助掌握心理辅导的基本方法和技能，以便将心理学基本原理运用到具体工作中，提高心理育人工作实效。此外，定期开展专业教师、班主任、心理委员参与的学习培训，全方位提升心理健康工作队伍的专业化水平。

## （二）辅导员的学生心理健康管理工作框架与流程

构建大学生心理健康教育体系是实现心理育人总体目标的保障。[①] 做好辅导员学生心理健康管理工作，必须建立科学完备的工作机制、掌握专业有效的工作方法、完善责任明确的保障体系，确保学生心理健康管理工作真正落到实处。

### 1.工作目标

以立德树人为总目标和基本遵循，围绕学生心理健康和成长发展需求，通过源头管理、过程管理、结果管理、保障管理，促进学生心理健康管理各元素协同发展，切实提高学生心理健康工作的针对性和有效性，着力提升学生心理健康素养。实现为国家育人育才，为社会主义培养合格建设者和可靠接班人的终极目标。

### 2.工作内容

《普通高等学校辅导员队伍建设规定》（教育部第 43 号令）指出，高校辅导员具有开展心理健康教育与咨询工作的职责。对照《高等学校辅导员职业能力标准（暂行）》，辅导员职业等级不同，在心理健康管理工作内容的广度、深度和难度上也不同。文件还根据这些工作内容提出了相应的"能力要求"和"相关理论和知识要求"，见表 1.1。

---

① 李红梅，宋素怡，董彩云，等．"三全育人"视角下的高校心理健康教育研究 [J]. 中北大学学报，2020(4):45.

表1.1 《高等学校辅导员职业能力标准（暂行）》中对心理健康教育与咨询职业功能的规定

| 职业等级 | 工作内容 | 能力要求 | 相关理论和知识要求 |
|---|---|---|---|
| 初级辅导员 | （一）协助学校心理健康教育机构开展心理筛查 | 能协助心理健康教育机构完成心理筛查的组织实施 | 心理咨询的方法、技巧<br>心理异常的判断标准、原则 |
| | （二）对学生进行初步心理问题排查和疏导 | 能了解大学生的心理特点，熟悉大学生常见的发展性心理问题，掌握倾听、共情、尊重等沟通技能，能够与大学生建立积极有效的师生关系，帮助学生调适一般的心理困扰 | |
| | （三）组织开展心理健康教育宣传活动 | 能组织开展形式多样的心理健康教育宣传活动，如举办讲座、设计宣传展板等；能组织学生参加陶冶情操、磨炼意志的课外文体活动，提高学生心理健康水平 | |
| 中级辅导员 | （一）心理问题严重程度的识别与严重个案的转介 | 具备三级心理咨询师资质或具有心理健康教育相关专业硕士学位 | 心理问题、神经症、精神病识别知识<br>各类测验的功能与使用范围，施测手段<br>教育心理学基础知识 |
| | （二）心理测验的实施 | 能对一般心理问题、心理障碍和精神疾病进行初步识别，了解转介到心理咨询中心或精神卫生医院的适用条件和相关程序<br>能根据工作需要，正确实施各种心理测验量表、问卷，并能在专业人士指导下对结果进行正确解读和反馈 | |
| | （三）有效开展学生心理疏导工作 | 能与求助学生建立良好的信任关系，有效开展心理疏导工作，帮助学生调节情绪 | |
| | （四）初步开展心理危机的识别与干预 | 能识别大学生心理危机的症状并进行初步评估，能协助心理专家开展相关的危机干预工作 | |
| | （五）相对系统地组织开展心理健康教育活动 | 能通过培养心理委员、宿舍长、班干部等方法，培养学生自我管理、自我救助和朋辈互助的能力；能有效设计相对系统的院系心理健康教育整体方案，并能指导学生社团开展形式多样的心理健康教育活动 | |
| 高级辅导员 | 总结凝练实践工作经验，深入研究把握心理健康教育的规律，成为心理健康教育专家 | 具备二级心理咨询师资质<br>能进行危机评估、实施干预、妥善预后及跟踪回访<br>能够为学生提供心理咨询服务<br>在具有影响力的学术期刊以第一作者身份发表5篇以上心理健康教育相关领域学术论文<br>能够熟练利用理论和实际经验指导辅导员开展心理健康教育工作<br>能够为高校辅导员提供有效的心理健康教育培训<br>能讲授心理健康教育公共选修课 | 心理学相关理论<br>应用心理学相关理论<br>思想政治教育心理学相关理论 |

### 3.工作要求

学生心理健康管理工作是一项专业性强、复杂性高的系统工程，要求辅导员具备从事心理健康教育的专业理论知识和丰富的教育管理经验。

（1）坚持育人为本原则。把握学生心理健康特点和大学生成长规律，教育引导学生树立正确的世界观、人生观和价值观。增强学生社会责任感、创新精神和实践能力。提升学生的心理素养，促进学生在认知、情感、人格等心理素质方面的发展和成长。尊重学生独立人格和个人隐私，保护学生自尊心、自信心和进取心，促进学生全面发展。

（2）开展分层分类指导。心理健康教育的本质特点是"助人自助"，辅导员开展心理健康管理工作就是帮助学生自我成长的过程，强调学生自我成长、寻求帮助的主动性。要根据学生个体心理特征、行为风格、不同年级、不同状态开展分层分类指导，将处理好眼前问题和着眼于长期发展相结合，注重健全人格的养成、科学思维的塑造及学习能力的提升，使学生具备良好的内在素养和适应复杂现代生活的能力。

（3）持续提升专业技能。主动学习心理健康教育理论、方法及相关学科知识，积极开展理论研究和实践探索，不断拓宽工作视野，以较好的职业素养和较高的职业能力应对不断变化的工作对象和工作环境，在提升辅导员心理育人工作实效的同时实现辅导员专业化队伍建设。

（4）明确工作职责边界。学生出现心理问题的原因是复杂多样的，承担学生心理健康管理的各主体应各司其职，做到精准定责，明确问责，做到既不事不关己也不越俎代庖。鉴于高校辅导员队伍的专业背景差异、心理健康教育知识储备参差不齐、年纪轻、稳定性较差等因素，对辅导员的心理健康教育角色定位应该精准，回归合理范围，避免宽范围、高标准、大责任。[①]

### 4.工作流程

以新生入学到毕业生离校为一个工作周期，辅导员心理健康管理工作流程大致如下：

（1）协助学校心理健康教育机构开展新生心理筛查，正确实施各种心理测验量表、问卷，在专业人士指导下对结果进行正确解读和反馈。

（2）结合心理筛查结果和日常关注情况，对学生进行初步心理问题排查，有效开展学生心理疏导工作，做好心理档案整理和访谈记录内容。

（3）讲授心理健康教育公共选修课，普及心理健康相关知识，帮助学生了解自己，提升心理素养。

---

① 刘子祥.高校辅导员心理健康教育角色的实现 [J].黑河学院学报，2019(7):100.

（4）系统开展心理健康宣传教育活动，充分调动任课老师、学生骨干、心理委员等多方力量参与心理健康实践活动，营造良好的环境氛围。

（5）识别学生心理问题严重程度，对一般关注对象初步做好早期干预（谈心谈话、心理咨询等）和家校沟通（风险告知）；发现严重个案及时上报学校心理健康管理部门，做好转介工作（校外就医）。

（6）发现心理危机事件，第一时间在各相关部门指导下按照科学、规范程序进行有效处理，并做好个案跟踪和工作台账整理。

（7）持续做好学生心理动态调研，定期开展学生心理状况摸排，从多维度了解学生身心状态，及时掌握学生的困难、困惑，对其提供帮助。

（8）定期完善学生心理健康档案：心理普查报告、成绩档案、谈心谈话记录、风险告知情况、家校沟通反馈等。做到"一人一档案，一周一观察，一月一反馈"。

（9）参与各类理论学习、案例督导、实践研究，不断提升理论知识和业务能力。

（10）总结凝练实践工作经验，深入研究把握心理健康教育的规律，形成工作范式。

### （三）辅导员在学生心理健康管理工作中的基本技能

结合《高等学校辅导员职业能力标准（暂行）》对辅导员开展心理健康教育与咨询工作提出的"能力要求"和"相关理论和知识要求"，从技能维度来看，辅导员应具备组织管理能力、人际交往能力、语言表达能力、应变能力、心理辅导能力及教育策略等基本工作技能。[①] 从实际操作技能层面，应从谈心谈话与心理危机识别和干预等方面展开训练。

#### 1.谈心谈话能力

谈心谈话可以有效地引导学生面对问题、识别误区、积极行动、挖掘潜能，辅导员工作过程中要遵循尊重个体、重视合作、严格保密的工作原则，具体需要使用倾听技术、探问技术、共情技术、复述技术、提问技术等。

（1）遵循工作准则。辅导员要以高度的工作责任心和对学生的关爱，获得学生们的信任。没有信任就不可能敞开心扉地谈和入脑入心地听，我们的教育目的就会大打折扣，很多时候爱比技术更为重要。无论因何种原因，面临怎样的学生，师生在人格上都是平等的，在交流互动中是民主的，相处的氛围是和谐的。建立良好的信任关系是顺利开展谈心谈话最重要的前提，避免出现居高临下的指责、没有互动的说教和内容空洞的建议。此外，严格遵守保密原则，尊重学生独立人格和个人隐私，保护学生

---

① 田宝伟，胡心怡，张平，等.辅导员深度辅导的谈心谈话技术 [M].北京：高等教育出版社，2021：22.

自尊心、自信心和进取心。

（2）做好准备工作。在谈心谈话前，辅导员需要做好充分的准备工作，不能简单粗暴地给学生"下定义""贴标签"。辅导员可以通过查阅档案（了解家庭情况、求学背景）、多方了解（室友、任课老师、导师反馈）、心理测评（了解成长既往史）等了解学生的不同心理状况，根据不同的性别、年龄、性格、认知能力采用不同的谈话策略，做到有的放矢。

（3）掌握谈话原则。《卓越辅导员的成长密码：谈心谈话》一书中提到谈心谈话要做到"有理、有利、有力、有节"。[①]有理：辅导员说的话要占理，有出处有依据，对法律法规、政策文件、学生手册的内容要十分熟悉，能够做到以理服人。有利：要让学生切身感受到辅导员在学生的角度和立场考虑问题，自然会建立起一种信任关系。有力：谈心谈话不是聊天吐槽，是带着问题、带着方案、带着目的谈。有节：即便是批评，也要注意方式方法和语言表达，以适合的角度表达真实的意图。

（4）制定谈话流程。一个完整的谈话流程一般包括开篇引题、点题、交锋破题和结尾收题。引题：通过倾听、提问建立信任关系，获取基本信息。点题：通过询问、总结帮助学生意识到问题的症结，陈述具体困难。破题：通过反问、归谬、利弊陈述帮助学生认识到自身的不合理认知，帮助学生梳理问题分解压力。收题：提供方案策略，实质性帮助达成共识，制订学习计划，提供经济帮扶、调节人际关系等。

（5）使用沟通方法。谈心谈话不是单向的教育，而是互动沟通的过程，沟通方法使用得当会提升谈心谈话的效果。首先，倾听是表达的基础，要在倾听的过程中找准问题所在，归纳出原因为进一步沟通做好准备。其次，提问是开启沟通的钥匙，问是介于听和说的中间地带，通过问可以引导学生，帮助学生澄清问题。问的方式包括开放式提问与封闭式提问：开放式提问以"什么、如何、为什么"等为结构；封闭式提问以"是不是、对不对、要不要、有没有"等为结构。通过提问澄清事实，获取重点，缩小讨论范围。最后，通过复述、总结等帮助学生分析问题症结，提出解决方案。在谈话中可以使用"三明治原则"方法：第一层是肯定学生的内在品质、接纳学生的人格，赏识学生的优点，关爱学生心灵；第二层是针对学生的问题给出建议、批评或者提供不同的思考角度；第三层是对学生的鼓励、希望、信任、支持和帮助。

### 2.危机识别和干预能力

（1）心理危机识别。心理危机识别和干预的对象是存在心理危机倾向和处于心理危机状态的学生。对象存在心理危机一般是指对象存在具有重大影响的生活事件，情绪剧烈波动或认知、躯体或行为方面有较大改变，且用平常解决问题的方法暂时不能应对眼前的危机。辅导员可以从以下方面帮助识别。

---

① 臧刚顺.卓越辅导员的成长密码：谈心谈话[M].秦皇岛：燕山大学出版社，2016：50.

①从学生基本信息摸排中发现识别。新生入学后辅导员可以通过查阅档案、走访寝室、个别谈话等了解学生的基本信息，结合新生心理普查，对普查结果进行细致分析，掌握可能存在危机的风险因素，如家庭经济状况，学生身体健康状况，是否单亲或父母离异，是否有过寄养、留守生活经历，是否遭遇过重大事件，是否有过自伤、自杀史等。

②从学生当下所处的困难情境中发现识别。

（a）重大应激事件：遭遇突发事件而出现心理或行为异常的学生，如家庭发生重大变故、遭遇性危机、失恋、因身边人受到重大挫折、受自然或社会意外刺激的学生。

（b）健康困境：患有严重心理疾病，如患有抑郁症、恐怖症、强迫症、癔症、焦虑症、精神分裂症、情感性精神病等疾病的学生。身体患有严重疾病，个人很痛苦、治疗周期长的学生。

（c）适应困境：严重适应不良导致无法正常学习和生活的学生，如新生入学、转专业等。

（d）学业困境：因学习压力过大或学习困难而出现心理异常的学生。

（e）人际困境：人际关系失调、性格过于内向、孤僻、缺乏社会支持的学生。

（f）家庭困境：如出现家境贫困、亲子关系紧张、父母感情破裂等情况的学生。

（g）存在明显的攻击性行为或暴力倾向，或其他可能对自身、他人、社会造成危害的学生。

（h）情绪低落或抑郁的学生（时间超过半个月）。

③从学生透露的危机信号中发现识别。

（a）谈论过自杀并考虑过自杀方法，包括在信件、日记等的只言片语或图画中流露出死亡念头者。

（b）不明原因突然给同学、朋友或家人送礼物、请客、赔礼道歉、述说告别的话等行为明显改变者。

（c）情绪突然明显异常，如特别烦躁、高度焦虑、恐惧、易感情冲动、情绪异常低、情绪突然从低落变为平静或睡眠已受到严重影响等。

（d）处于抑郁症、精神分裂症等严重心理疾病或精神疾病的发病期。

（e）有冲动行为，具体表现为强烈的自伤或伤人行为。

心理危机的发现识别是进行危机评估和开展危机干预的重要基础，学生心理危机干预的主要任务和内容是采取紧急应对的方法帮助危机者解决迫在眉睫的心理危机，使症状得到缓解和消失，使心理功能恢复到心理危机前水平，并获得新的应对技能，以预防将来心理危机的发生。由于该部分工作内容需要十分专业的技术支撑，应由相关工作部门专业人员主导开展，辅导员主要协助，同时积极发挥心理委员、学生党员、学生骨干在学生心理危机干预中的辅助作用。努力将预警排查、心理健康宣传教育、心理危机事件干预、家校互动等各部分有机组合，做到早预防、早发现、早研判、早干预，由被动应急变为主动防御，形成心理关注群体帮扶的长效机制。

# 三、高校辅导员心理助人工作实践经验的特殊价值

## （一）当前高校心理助人工作探索研究现状与局限

近年来，信息化高速发展与多元融合的现实背景使得高校学生心理健康问题现状变得愈发有挑战性，高校心理健康教育与助人工作在国内也受到越来越多的重视。不少专家学者尝试从不同角度切入探索此领域，力求逐渐形成适应目前社会环境发展及思想政治教育的有中国特色的心理健康教育模式。2007年，党的十七大报告已将心理疏导纳入党的核心思想工作中，并提到要"加强和改进思想政治工作，注重人文关怀和心理疏导，用正确方式处理人际关系"。2011年，教育部办公厅印发了《普通高等学校学生心理健康工作基本建设标准（试行）》的通知，为大学生心理健康教育教学体系、大学生心理咨询服务体系、大学生心理危机预防与干预体系、大学生心理健康教育活动等体系的建设提供了明确的标准与指标，也为中国高校心理健康教育模式的进一步研究与完善打下了良好的基础。随着研究与实践的不断进行，高校与科研部门的合作变得更加成熟，心理健康教育与助人工作的内容日渐丰富、技术和团队建设也在持续提升，心理健康的研究领域更是在不断扩大，涉及个性心理、学业成绩、跨民族文化和心理健康状况测评等多方面。

结合心理健康教育模式和社会的发展特点，高校心理助人工作有以下几种发展趋势。

（1）从微观心理发展转向宏观社会发展。高校心理助人工作不仅仅是针对个体心理健康的帮扶与关注，而是旨在辐射到每一个高校学生的心理健康，将目光投向整体的心理发展变化与社会环境发展趋势，从根本上寻求助人之道。

（2）从注重心理发展转向全面发展。辅导员在助人工作中不断学习心理健康知识的同时，更要关注高校学生在价值观、生命意义以及思想道德等方面的综合素质，提升高校心理助人工作的深度与广度。

（3）从独特性向多样化发展。为适应时代背景的变迁与学生思想观念的变化，心理助人工作也将在专业性、方式技法和多元化方面有进一步的提升。

随着当下新媒体时代的到来与高速发展，互联网，特别是移动互联网技术与新的媒介形式广泛渗透进学生的日常学习与实践生活。近年，新冠疫情更是加速了国内外人民在公共卫生、生活习惯、经济状况等方面的剧烈变革。为了更好地提升大学生心

理健康与综合素质，高校的心理助人工作不得不重新审视未来的发展路径，结合传统的教育模式与新媒体对学生生活的影响，发展出一套崭新的、更具适应性的高校心理助人工作模式。高校心理助人工作中可以打破传统的教育方式，加入较为多元的新媒体表现形式，在更加自由的时间与空间范畴内实践心理疏导与干预。一来，通过此方式提升了心理助人工作的普及程度；二来，这样也可以提升学生工作的交互性、及时性以及丰富性，进而言之，或许也可以激发部分学生参与到心理健康工作中来的主动性与持续性。然而，这一工作载体的巨大变革在实践中可能引发的风险，亦需要引起各高校的高度重视和提前研判预防。其中可能隐藏的弊端包括信息保密性下降、环境不确定性提高、网络导致的现实人际交往能力降低、消极信息的轻易传播以及对助人工作者实操技能培训需求的加大等。当前许多发达国家的高校已经开始实行线上心理助人工作，包括个体辅导、定期随访和团体心理健康活动等，并在着手建立相应的体系准则来辅助这一领域的长足发展。基于这些实践经验，不断更新心理健康教育的内容及方式，建立并完善高校与社会资源，鼓励高校自主开发课程及活动，优化加强监管体系，在高校实践更加高效且多样化的心理健康教育模式将变得日益重要，且指日可待。

与西方高校相对成熟的高校心理社工矫正模式的心理助人工作形态相比，当前国内高校心理助人工作的开展尚存在一定的不足与局限。具体来说，这种局限性可以表现为以下三点。

首先，由于起步相对较晚，并且是从西方学者的理论与实践中汲取经验，国内的心理健康教育针对融合历史文化及社会环境的研究为数不多，自主创新的部分也尚在萌芽阶段。许多正在使用的心理评估工具及助人工作的技术指导也都是基于西方的理论与研究结果。这就容易导致国内高校在心理助人实践的过程中存在一定的局限性，抑或是与文化和社会环境不适配。尽管，大众对于心理健康的关注度正在日益提高，学者专家团队的规模也在逐渐扩大，但是相关研究的数量、深度及广度仍有待提高。

其次，立足于传统的教育体系，心理健康教育的观念普及范围不够广，高校很难全方位开展实践心理助人工作。维护学生心理健康，确保学生综合素质的全面发展的理念宣传应覆盖到每一位高校工作者，不论是科研工作者、辅导员还是管理工作者。目前仍有很大一部分的教育工作者对心理健康知识不甚了解，因此，就算组建了良好的心理健康教育团队，也较难应对其他学业生活方面引发的层出不穷的问题。另外，也有部分教育者认为心理助人工作与思想政治教育是等同的，忽略了对学生的个性培养及心理健康管理，并对心理咨询和心理治疗抱有一定程度的偏见，又或者是将学生的困扰过度聚焦归因于学业等相关问题，而忽略了其他主客观因素。

最后，国内目前的心理健康教育人才较为匮乏，专业化培养的途径也尚未完全打通。数据显示，2011年美国从事心理健康教育的专家人数有22000～25000人，与学生配比约为 1∶1500。①而我国教育部在《全面加强和改进新时代学生心理健康工作专项行动计划（2023—2025 年）》中规定："高校按师生比例不低于 1∶4000 配备专职心理健康教育教师，且每校至少配备 2 名。"这对于心理助人工作在各高校的普及也是一大限制因素，而另一大限制因素为稀缺的心理健康教育人才培养资源。我国高校针对大学生心理健康教育的专业少之又少，从业能力培训及标准化管理也尚未成熟，只在个别地区有了较好的体系发展。要想从事高校心理助人工作，从业者需要有良好的品德、扎实的心理健康知识基础、专业的助人技能以及丰富的学生工作经验，因此，我国在短时间内很难填补上这一人才资源的欠缺。

针对上述局限性，专家学者们提出了不少对于我国高校心理健康教育发展的展望。

第一，为满足越来越高的学生需求及培养更有韧性和适应性的社会栋梁，心理健康教育的团队需要持续不断扩大。争取通过优化和拓展心理助人工作形式、宣教方法、实践成果交流及人才培养来完善此领域在各高校的实践。同时，对于已有人才的继续培养也是不可或缺的。进一步研究的进行，将持续为高校课内外的心理教育与辅导带来创新的、有实效的方式方法指导。

第二，要促进德育工作和心理助人工作的并行发展，减少混淆，提升整体心理健康知识的普及。教育工作者容易将心理健康问题归咎于学业上遇到的挫折，或者是思想品德方面的缺陷，而忽略了心理范畴的诱因。加强心理障碍识别与干预的知识，为心理助人工作提供系统的指导体系，才能更加有效地帮助高校学生，也能辅助德育工作的进行。

第三，平衡各地区高校心理健康教育体系的完善程度，先实践带动后实践，并且要因地制宜，充分地将我国的社会文化融入心理助人工作当中去。应将视野拓宽到学生群体的发展上，而不只是针对个别区域的个别现象。

## （二）高校工作场域心理助人实践的特殊性

一方面，高校心理助人对象本身具有特殊性。高校心理助人工作的对象为学生群体，他们有着统一而又复杂的特质。与其他心理工作者所要面对的更加广泛的人群不同之处在于学生群体寻求帮助或者需要帮助解决的问题有时非常相似，甚至有规律可循。他们的困扰常常来自学业成绩、适应问题、延迟毕业、学校奖惩等，入学后的一段时间和考试期前后又通常是心理问题多发时期。长期的经验积累和观察实践能够减轻辅导员的一部分工作压力，让辅导员有迹可循、兵来将挡。然而，学生群体和大部分其他群体一样，有自己的群内差异。每一个学生都来自不同的家庭背景，有各异的成长经历，这些让他们拥有了独特、个性的因素，同时也增大了辅导员心理助人工作

---

① 张福珍，纪晓明．中美大学生心理健康教育之比较 [J]．江苏高教，2011,155（1）：122.

的难度，就好比教师要因材施教一般，助人者也要根据每个学生的个性与需求来提供帮助，过于程式化的助人策略可能会起到事倍功半的效果。因此，在熟悉了大学生心理健康问题出现的规律的同时，辅导员也要时刻保持审慎仔细的态度和灵活变通的应对策略来更好地帮助学生，稳定他们的心理状态，防患于未然。另外，大学生群体通常正处于青少年到成年人的转变时期，同时正在经历生理、心理和身处环境的重大转变，在这一节点所发生的事情可能会在他们身上画下难以抹去的浓墨重彩的一笔。因此，正确的社会角色楷模、精神思想引导、坦诚温暖的支持以及专业的心理帮助对于大学生群体来说非常重要。在迈出熟悉的区域，独自来到全新的环境后，许多学生因难以适应而发展出心理健康问题。如若没有及时的心理援助，身处于这种持续存在的无法适应的环境中长达四年或者更久，很难想象他们将要忍受什么样的心理苦痛，他们不良的心理健康状态又会演变成何种情况。适应性问题中，大学生群体普遍容易出现的困扰又以学业压力、人际关系的处理以及意外事件为主。研究表明学业压力对学生的心理健康有不可忽视的负面影响，其影响又根据压力程度及学生的易感性与常用的心理应对策略有关，严重者有逐渐发展出抑郁焦虑情绪或更加恶劣的心理障碍及自杀倾向。而学业压力的来源可囊括学业负担过重、课程门类过多、授课方式不适应、同辈竞争激烈、学习动力缺乏和考试紧迫感等方面。人际关系方面的压力可来源于朋辈交友、社团组织活动、亲密关系处理、家庭问题困扰和导学关系等。由于高校生活与职场相比较为封闭，接触到的人群也更局限于学生及教育工作者，因此，个体与群体的关联更为紧密，相互的影响力也更大。例如，不健康的风气更容易由点及面地扩散辐射。

另一方面，高校心理助人工作内容也具有特殊性。助人工作对象学生群体具有特殊性，他们产生心理问题的同时常常伴有其他性质的问题的出现，如学业、经济、情感、求职困难。因此，高校心理助人工作的方式也需要结合更多其他的手段，以更有针对性地处理学生问题，以保障持续性的学生心理健康及校园和谐稳定。不同于其他心理工作者对来访者身处境况的无法干涉，高校心理助人者作为高校体系的一部分与学生的生活是息息相关的，所以，在干预心理问题的同时也可以对关联的现实问题也有所干预。比如，指导贫困学生申请助学金，邀请有较重心理危机学生的家长前来陪同，或者是将学生的问题反映给校方相关部门寻求帮助等。高校心理助人者应充分发挥自己的权能，用灵活的应对策略有效地帮助学生。区别于多数心理工作者，高校心理助人者需要审慎地辨识出潜在的学生心理健康问题后积极主动地提供帮助。多数心理工作者提供帮助给主动提出需求、寻求帮助的来访者，心理辅导或者治疗的内容也是基于来访者的主观意愿。而辅导员或者其他高校工作者作为学生思想政治教育及心理健康教育的组织者、实施者和指导者，有责任及必要主动发现并且尽早干预学生的心理问题，担任教导和引领的工作。再者，作为在校园生活中和学生接触密切的工作者，促进学生管理工作、保障学生身心健康是义不容辞的。从这一点出发，高校心理助人者需要具备扎实的心理卫生知识，以确保在第一时间发现可能引发心理健康问题的因素及事件，密切关注受其影响的学生，提升对于学生心理需求的敏感程度。

对于高校来说，心理助人工作的重点与需求应更多地停留在预防而非干预层面，这就需要高校积极主动地开展心理健康教育活动，系统性地向学生普及心理学和心理健康知识，培养学生助人自助的能力，提升学生心理保健意识。宣传积极健康的人生观，引导学生成为自己精神世界的主人，学会自主科学的选择和决策，并且主动地发现并解决自身潜在或正在萌芽的问题。正如积极心理学所倡导的培养人积极的品质，其中包含了发展个人承受挫折、适应环境以及自我调控等的心理素质。又或是基于人本主义心理学中所强调的潜能实现与自我超越，启发并相信学生助人自助能力与创造性。

然而，当学生问题的发展超出了预防的范畴时，高校心理助人者需要及时启用心理危机干预的相关策略。危机干预也是高校助人工作中非常重要的一个部分，它更是涉及学校各部门联动、校园恶性事件的处理与社会各界的关注。心理危机指的是个人遇到了无法回避、无法用通常应对问题的方法解决以及难以承受的状况。调查显示，我国有16%~25.4%的大学生存在不同程度的心理障碍，其中又以抑郁、焦虑等心境障碍居多。高校心理危机干预的主要目的包括避免学生伤及自身或他人和调整维护学生心理健康状态。而出于保护与教导的目的，在干预工作中高校心理助人者需知悉信息保密原则与突破保密原则的界限所在，以免工作不到位致使意外发生，又或是破坏了学生对自己的信任而前功尽弃。高校心理助人者也需要明确地认识到自己的胜任力，在危机干预工作超出能力范畴时要及时寻求专业人员的帮助，若是错过了最佳的干预时机，可能会酿成无法挽回的后果。

延续前文中提到的辅导员的角色特殊性，为学生提供坦诚而温暖的支持能够帮助他们更快地适应并融入新的环境中去。社会学和心理学研究发现，社会支持是影响青少年适应性和心理健康的重要因素，尤其是个体觉知到的社会支持资源。在面对压力境况或是负性事件时，良好的社会支持能够起到缓冲器的作用，降低个体受到的心理上的负面影响。在高校中生活，不善人际相处或是群体生活的学生容易感到孤独、无力与无助，家庭支持资源在此时或许是鞭长莫及的，那么近在咫尺的高校心理助人者便需要担起心灵避风港的重任，保护需要帮助的学生。

### （三）辅导员角色维度的心理助人实践经验价值

前文已经论及在高校这个特殊工作场域中，心理助人工作者面对的受助对象和助人工作内容都有着非常明显而突出的特殊性，因此，单靠纯粹临床与咨询心理学科受训背景的专业心理助人者（一般为高校心理咨询中心专职教师）难以全部胜任对高校学生的心理健康教育与管理工作。而以高校辅导员、班主任等群体为代表的高校思政教师在心理助人工作中的角色价值和意义自然显得格外重要和珍贵，这一点在前文中也已多有论述。

尽管学界对辅导员在高校心理助人工作中的重要性这个问题业已达成共识，但国内对此相关的实证研究却相对贫乏。目前能够搜寻到的相关研究主要集中在从宏观政策与理论视角论述高校心理健康教育的重要性、相关体系机制建设的思路与未来发展趋势等方面。专门聚焦于论述辅导员角色在高校心理健康教育工作中的角色价值与定位的理论文章凤毛麟角。而具体介绍辅导员心理助人工作实践过程与经验总结的资料则更为稀缺。

导致国内学术界在此领域出现这种研究情态的因素有很多，主要包括以下两点：一是辅导员与思政教师群体为我国独有的职业角色概念，与西方高校中助人职能相似的校内社工与学生管理工作人员的角色概念和工作职责亦有着相当大的差异。因此，高校辅导员助人工作方式与职责的相关研究缺乏国际权威的学科理论相映照，由此国内学术界，无论是心理学科还是教育学科，乃至思政教育学科都缺少足够有理论深度的学术概念工作来探究辅导员工作角色这一中国独有的研究课题。二是国内现有相关研究多为宏观政策层面的理念归纳与发展趋势预测等主题，而缺少具体实践技术层面指导和实践经验归纳总结这一研究层面，这与辅导员群体在实际助人工作中多受自上而下的教育管理政策要求，而少有同侪实践经验指导的工作实际情况在一定程度上存在对应关系。从高校的实际经验来看，目前国内高校辅导员这一职业角色本身在校内岗位间的流动性高，能够数十年如一日地坚持在学生心理助人工作一线的资深院系辅导员少之又少，承担这一助人工作职责的更多是新入职不久的年轻辅导员们。这就使得辅导员们常常只能通过自身实际工作来努力归纳个人经验，难以理论化并可持续地传承这些宝贵的实践经验。

由此可知，学界关于辅导员心理助人实践工作经验总结的论述确属凤毛麟角。而作为一门专业实践性很强的技术工作，辅导员心理助人工作本身又缺乏强有力的学科理论依归，这就使得大量新入行的辅导员教师只能借助临床心理学方向的学科背景，学习一些基本的心理咨询式的谈话技术与策略，并应用到本职工作中。但辅导员助人谈话与心理咨询谈话毕竟存在诸多差异，因此辅导员在实际工作中常常会遇到许多特殊而具体的知识盲区和工作困境。这时辅导员心理助人工作的实践经验价值就显得非常重要了。

有鉴于此，本书致力于汇总高校一线的辅导员，在面对不同类型的工作对象，开展不同类型的心理助人工作时的具体实践过程，并注重其工作后的经验总结与反思。希望能够以此填补国内关于高校辅导员心理助人工作实践经验汇总与论述方面的空白，并期望能为更多的高校辅导员教师从事心理助人工作提供更有价值的经验参照与启发。

# 个体案例篇

案例 1 至案例 16 为辅导员心理助人工作中的个体心理帮扶案例。案例详细记述了高校辅导员在面对形形色色的心理困扰学生时，如何有温度、有策略、有担当地开展谈心谈话和心理帮扶工作。这些案例中，学生的心理困扰主题囊括高校生活中常见的人际社交困扰、学业困难、亲子关系矛盾、创伤后应激反应，以及抑郁症、焦虑症、精神分裂症等心理和精神障碍类困扰。此外，案例还翔实呈现了辅导员面对有生命安全风险的学生时，在心理危机识别与干预上的工作实录。本篇章的案例撰写统一以"案例概述""问题分析""辅导员工作策略"和"心理咨询师建议"这四重结构，全景式地剖析每一个辅导员心理助人案例的工作细节与实践得失，可以更为具象地为广大高校辅导员和参与学生工作的教师提供相关工作经验参考。

## 案例 1 → 大学生创伤后应激障碍的成功处置

### 案例概述

张亮[①]与何文为计算机系毕业班的同班同学，平时关系很好。2016年5月的一天晚上，他们在生活区河道边的长椅上聊天，张亮提出一起下河游泳。于是张亮在前，何文在后，两人往河中央游去。突然，何文听见张亮喊叫："何文，何文，快来。"何文游过去后，并未看到张亮，他一直游到河对岸也没看到张亮。何文不甘心，又再次游回来寻找，依旧没有发现张亮。于是，何文立刻拨打"110"报警。得知情况后，学校、公寓区、二级学院领导纷纷赶赴现场，参与搜救工作。

次日凌晨4点左右，公寓区的值班老师跑到何文的辅导员易老师（女老师）的宿舍，声音急促地说："出事了，你们班上的张亮溺水了，同班同学何文在岸边浑身颤抖，他什么话都不肯说，只说想见你。"易老师听完立刻夺门而出，跑到出事地点。何文见到易老师，直接跪下并愧疚地说："易老师，对不起，本想过几天再去您办公室登门道别，谁知出了这样的事情。"易老师听后，心中一惊，立马抱住他，拍着他的肩膀，说："你没事就好。"

之后，何文被带到公寓区的谈心谈话室，学校附近医院的心理科医生已在那里等候。何文提出要一个人在里面休息，不想被人打扰。于是，辅导员易老师、心理科医生等都陪在门口，尽量不干扰他休息。何文靠墙瘫坐着，受到如此巨大的惊吓，又一夜未眠，他显得疲惫不堪。他双手抱住脑袋，看起来非常焦虑与恐惧。过了两个小时后，何文提出要回寝室休息。他的寝室在4楼，出于安全考虑，学校安排和何文关系比较好的同学去寝室陪他，又安排易老师和另一名男辅导员在寝室门口陪同。又过了两个小时，何文的情绪稍微缓和了些，他开始与易老师交谈。他谈得最多的，就是内心的愧疚感。何文说："如果当时我能阻止张亮下河，或许这一切都不会发生……"

在易老师的鼓励下，何文讲述了事情发生的一些细节经过，并表示愿意配合公安机关、学校、张亮的家属做好必要的解释说明。但是，他坚持学校不能将此事告诉自己的父母，他担心自己将面临父母无休止的责备。张亮的家属是在第二天的下午赶到学校的，包括张亮的父母、张亮的舅舅（有刑侦背景）。看到打捞上来的尸体后（还来不及送殡仪馆），张亮父母的情绪极其激动，当天无法正常谈话交流。

第二天，张亮的舅舅到何文的宿舍，与何文进行了当面交谈。何文觉得应该给张

---

① 本书案例中出现的姓名皆为化名。

亮的家属一个交代，因此在讲述事发过程的时候较为顺利。但是，他讲述完后，张亮的舅舅提出了几处疑点，希望何文去派出所重新做笔录。在此之前，何文已经在派出所做过两次笔录，听闻又要去做笔录，他的情绪显得有些激动，他不想再去反复讲述事情的经过，再接受家属、公安机关对一些细节的盘问，他不想再过多回忆这件悲伤的事情。不过，何文最终还是答应了，并在辅导员易老师的陪伴下，勉强录完了笔录。

出事之后，何文的活动范围基本就是寝室。大部分时间他让同学带饭到寝室里吃，偶尔也去食堂吃饭。因为睡不着，他夜里的睡眠时间只有3～4小时。面对何文的创伤后应激反应，学校和辅导员易老师在生活上和心理上给予他积极的支持和温暖的陪伴，帮他一起渡过了心理难关。

## 问题分析

何文在事件发生后，身体颤抖有躯体反应，眉头紧锁，表情忧伤。和老师寒暄之后，何文没有主动诉说事发经过，只是反复说这件事让自己很痛苦，心情不好，眼泪盈眶。回到寝室后，班主任和辅导员给予言语和非言语的安慰，何文的情绪慢慢缓和，并表示会信任老师，把这件事情的经过详细诉说出来。诉说过程中，何文流露出内心的痛苦与愧疚，但思维清晰、语言表达清楚。诉说完后，何文逐渐恢复平静。

根据何文的叙述，结合何文的表现，可推断何文的精神、身体和社会交往状态有如下表现。

### 1. 精神状态

何文的内心十分痛苦、焦虑和愧疚，情绪低落，忧心忡忡。

### 2. 身体状态

根据医务室医生的检查和观察，何文无躯体异常情况，但睡眠很浅，食欲不佳，体重略有减轻。

### 3. 与同学的交往状态

何文有意回避与其他同学的交往，害怕听到同学对他的评价，只愿跟关系较好的同学进行交流。

总结典型症状为：反复回想创伤性体验；持续性的警觉性增高，睡眠浅，不必要的担惊受怕；有回避行为，不愿与人提及此事，不愿与人交往，情绪低落。何文的心理与行为异常表现属于创伤后应激障碍范畴的心理健康问题，主要表现为：痛苦经历无法忘记，而且反复回想，对未来担忧；回避与其他同学的交往；情绪低落，兴趣减低，睡眠不佳。

### ⏱ 辅导员工作策略

#### 1. 信任人的及时介入

通过学工系统里的谈心谈话记录，或从当事人及其同学中了解与当事人有关联的人，并第一时间通知当事人信任的老师、同学及时介入，打开当事人的心扉，缓和紧张局面，稳定当事人的情绪。

#### 2. 核心指挥的确定

受信任的老师或同学介入时，首先要确保当事人的安全，同时要确保介入者无后顾之忧。必须有效畅通学校、公寓区、二级学院的沟通，听从一个声音指挥。在确定核心指挥后，形成"信任的学生——信任的老师——核心指挥人"三级良性反馈机制，确保关键事情的决策不会冲突，确保决策及时有效。

#### 3. 外部安全的保障

从外围上要确保介入老师的安全。如果女老师只身一人，在出现突发情况时无力量方面的优势，可以选择在事件处理过程中，由男辅导员和学校保安搭档一起轮流值班，加强外部安全的人力保障，确保介入老师的人身安全。

#### 4. 心理中心老师的指导

在事件进展过程中，看是否有机会让校心理中心的老师介入。得到当事人的同意后，如果心理中心的老师直接介入事件，可以得到直接的专业处理；如果心理中心的老师不适合介入，则需要与心理中心的老师保持紧密的信息沟通，形成畅通的建议反馈，确保当事人能得到心理方面的专业应对和指导。

#### 5. 介入老师的主要工作

一是与当事人快速产生情感共鸣，介入的老师在与当事人交流过程中，重点是凭借与当事人前期的良性互动关系，快速在此事上产生情感共鸣，形成更深层次的情感互动基础，降低当事人做出极端行为的风险。

二是做好交流过程中的信息采集，介入的老师是搜集当事人信息的关键，在与当事人沟通过程中要特别注重关键信息的捕捉，并用适当的方式留存。

三是识别当事人是否有轻生念头，及时做好反馈和防范保护，对于当事人出现的心理异常现象做到及时反馈与跟进。

#### 6. 事件后期处理

一是帮助当事人在校期间正确认识和处理当前的情绪，逐渐消除此事带来的痛苦，减轻焦虑感和抑郁的情绪。

二是帮助当事人正确面对过去痛苦的创伤，接纳现实，通过问候死者家属、祭祀逝者的方式，减少当事人内心的愧疚感。

三是与当事人一起探讨未来可能遇到的心理困境，促进当事人未来的发展。该事件发生在毕业季，换一个生活场景，如学生回到自己的家乡，减少了与死者相关环境的联系，可进一步降低该学生的消极情绪。

## 💡 心理咨询师建议

这是一个成功的创伤后应激障碍倾向事件处置案例，主述为参与该事件一线处理的辅导员易老师。从字里行间的描述中可以看出，这位老师平时就经常关心学生，深受学生的喜爱与信任，这大大推动了事件的处置进程。

创伤后应激障碍（post-traumatic stress disorder，PTSD），是指个体经历、目睹或遭遇到一个或多个涉及自身或他人的实际死亡，或受到死亡的威胁，或严重地受伤，或躯体完整性受到威胁后，所导致的个体延迟出现和持续存在的精神障碍（《创伤后应激障碍诊疗规范（2020 版）》）。该事件当事人在经历亲密好友溺亡，同时自己又被怀疑有相关责任的情况下，经历了反复的事件细节拷问，被迫反复地重现体验创伤经历，回避与同学交流，有多种形式的情绪和生理唤起。如果干预不及时，当事人将反复出现创伤体验，持续地警觉性增高或回避，也有可能表现为普遍性的反应麻木，就会成为典型的PTSD。所幸他遇到了较为理性的死者家属、积极共情的辅导员老师、包容通达的校方领导和能理解接纳的同学朋友，最终安稳地完成学业，顺利离校。

PTSD的核心症状有三组，即创伤性再体验症状、回避和麻木类症状和警觉性增高症状，有些患者还会出现物质滥用、攻击性行为、自伤或自杀等行为，儿童的症状表现会有所不同。大家如有需要，可以从网络上搜索对应的细节性表现，也可以采用《创伤后应激障碍自评量表》(post-traumatic stress disorder self-rating scale，PTSD-SS)评估事件发生后对当事人心理感受的影响。对于创伤事件的当事人，我们都要考虑从PTSD角度进行干预，干预的目的主要是：缓解症状、预防疾病、阻止迁延、减少共病。

首先考虑的做法是改变或转换环境，使事件当事人与刺激脱离接触，保证每日营养与日常生活需要，注意安全和护理，逐渐消除他们的无助感和恐惧感。在此案例中，当事人涉及协助警方调查，需要多次录口供，甚至还需要直面死者家属的质疑，这些刺激性因素无法回避，对当事人情绪稳定不太有利。

其次，要给予支持性心理援助，帮助当事人宣泄痛苦情绪，不阻止、不批评地正确引导，使之将心中的痛苦诉说出来。这个案例中，辅导员老师的处理方法非常棒，在第一时间给予了当事人温暖，让学生有了勇气来面对事件带来的种种后果。遇到此类突发事件，训练有素的辅导员老师会在第一时间报告校方，取得尽可能多的支持，有足够能量来支持学生当事人。一般来说，此类事件建议及时告知学生家长，在该案例中，由于学生的坚持和老师对该生的了解，辅导员老师在征得学校同意后，选择了未告知家长，其实这是存在一定风险的。

最后，如果当事人失眠、心烦意乱、情绪不可控制、对正常生活产生较大影响，或曾有精神病史，应尽早建议家属及时带当事人到精神卫生专科医院进行咨询和治疗，严重的PTSD患者可能需要配合药物治疗。如果不得已必须由校方护送当事人到医院，必须征得家属同意（建议录音）。

当个人遭遇不幸事件后，最重要的是稳定情绪。辅导员与创伤事件后的学生谈话，建议从以下几个角度引导：

（1）安抚恐惧情绪，缓解压力。如果学生愿意倾诉，那是非常好的表现，一定要耐心听他诉说，即使是重复性的表达，也要像第一次听那样给予关注，切不可表现得不耐烦。

（2）鼓励适当宣泄。当一个人受到创伤时，用意志力量压抑情绪，谈笑自若，只能缓解表面紧张，不能解决根本问题，有可能还会陷入更深的心理困境，带来更大的危害。当事人大哭一场，大叫一番，或者是找亲朋好友诉说心中的委屈和痛苦，不失为良法。

（3）引导面对现实，承认伤痛。不幸已经发生，无法挽回，当事人与其用已经发生的不幸在心理上惩罚自己，不如宽慰自己，多替自己想想，结果会比垂头丧气、痛不欲生好得多。

（4）尝试升华痛苦。当事人将伤痛诉诸文字，让心中的苦水流泻出来，或者将伤痛升华为一种力量，投入对人对己对社会都有利的事情中去，在获得成功的满足时，也能消除压力和抑郁，达到心理平衡。

（5）当事人情绪较为稳定，能够理解事件发生的客观性并宽恕自己时，如果有合适的时机，可以建议他转换视角看待问题，同一现实或情境，如果从这个角度来看，可能引起消极的情绪体验，陷入心理困境，而从另一个角度来看，可能发现积极意义，促进其心理发展。

# 冬夜东湖寻人记

## ——失恋：放手也是一种爱

### 案例背景

某个冬日的晚上9点，辅导员齐老师接到学生干部张涛的电话，说徐威发了条朋友圈："再见啦！"便关机了，至今也联系不上他。张涛告诉齐老师晚上8点时接到徐威的电话，约他去东湖走走，当时张涛正和朋友在外面吃饭，便让徐威等自己吃完饭回学校后去找他。张涛回学校后发现徐威的电话打不通，打开微信就看到了徐威的这条朋友圈。

张涛和徐威是好朋友，张涛知道徐威自从上个月和李梦分手后，情绪状态一直很糟糕。徐威和李梦都是校学生会的学生干部，在老师和同学的眼里，两人在同龄人中都属于较为成熟、工作能力很强的学生，两人在学生会相识、慢慢产生感情并交往。在一起两个月后，李梦因两人性格不合提出分手，徐威不同意，先后以自残（用烟头烫手臂、撞墙等）、跳楼自杀威胁李梦寻求复合。李梦不堪其扰，一度精神紧张，几近崩溃，遂向齐老师求助。

李梦坦言自己出生于单亲家庭，很小的时候父母便离婚了，母亲在国外开餐饮店，自己在国内和父亲、奶奶一起生活，父亲常年在外做生意，对自己关心较少，刚认识徐威时，觉得徐威有超乎同龄人的成熟和体贴，会像大哥哥一样关心她、爱护她，两人很快开始恋爱。但交往不久，李梦发现两人的性格天差地别，李梦性格活泼豪爽，喜欢交朋友，徐威性格内向安静，且控制欲比较强。李梦经常和朋友去吃饭、KTV聚会，刚恋爱时李梦会带徐威一起去参加聚会，但徐威不怎么说话，融不进李梦的朋友圈子，便说以后不参加她们的聚会了。李梦也很尊重徐威的意见，但李梦发现她自己一个人参加朋友聚会的时候，徐威会很生气，责怪李梦完全没有把他这个男朋友放在眼里，宁愿和朋友聚会，也不愿意陪他。有时，李梦在外面玩，徐威还会打电话、发微信催李梦早点回宿舍，有几次甚至去李梦聚会的地方拉李梦跟他回学校。李梦有时会说玩一会儿再走，徐威就会用比较冲的语气跟李梦说："李梦，我再和你说最后一遍……"李梦觉得这让她在朋友面前很没面子，两人相处太累，争吵了几次之后，李梦便和徐威提出了分手。

李梦告诉齐老师，分手后有一次他们一群人开完会回宿舍的路上，徐威突然问李梦："我们还没有分手，是吧？"李梦说："我们已经分手了。"徐威便跑到顶楼，说李梦如果不原谅他，不和他和好，他就跳下去。李梦很害怕，答应暂时与他复合。但和好之后，两人还是会为相同的事经常吵架，于是李梦再次提出分手。某天晚上，李梦在体育馆和朋友一起打排球，徐威怒气冲冲地进来就质问李梦为什么这一天一直不接他的电话，不回他的微信，李梦说："你没看见我在打排球吗？"徐威跑过去一拳就打在墙上。此外，徐威每天会发数百条微信、短信轰炸李梦，微信内容主要在"对不起，宝贝，我错了，你给我个机会，我会改正的…… 亲爱的，你怎么不理我，我真的会改的，你回到我身边吧，我离不开你……"忏悔式请求原谅和"李梦，我怎么会爱上你这种女人，放心，我以后再也不会找你……"侮辱式说再见之间来回循环。

齐老师了解了情况后，借谈工作之机，找徐威聊天，顺口聊到他和李梦的感情状况。徐威坦言和李梦已经分手了，但自己非常痛苦，白天没有食欲，晚上睡眠很差，经常到凌晨两三点才能睡着，早上五六点又醒了，梦里的自己和李梦还没分手，非常开心，但醒后意识到两人已经分手，很痛苦。他明白只要熬过这段时间就好了，但还是没办法控制自己压抑、痛苦的情绪。徐威说他初中时喜欢一个女生但没能在一起，后来花了七年时间才慢慢走出来。现在好不容易遇到了李梦，他真的很喜欢她，想和她好好在一起，毕业后结婚，过上幸福的生活。但李梦经常和朋友出去玩，完全不把他这个男朋友放在眼里，也很少像别人的女朋友那样依赖男朋友，两人经常为类似的事情吵架。

徐威出生于北方的一个小镇上，父母做点小买卖。父亲比较寡言，性格沉闷，控制欲强。母亲开朗能干，会做生意，喜欢结交朋友，热衷于参加各种聚会活动，父亲经常会阻止她，两人经常为此吵架。徐威和母亲关系很好，曾经和母亲说："我以后找女朋友绝对不会找你这样的，你太强势了。"徐威坦言自己从小就活得很压抑，父母经常吵架，他在房间里听到父母大声吵架有时就会用拳头捶墙的方式发泄表达不满，父母也知道他的这种表现，母亲会经常劝他要找一个宣泄情绪的合理方法，不做伤害自己的事。徐威说知道自己这些激烈的行为不好，但就是控制不了自己的情绪。

通过徐威的自述，齐老师了解到他存在害怕、焦虑、悲观等不良情绪，之前就有过自残行为，由此评估他的心理危机风险较高。齐老师告诉徐威，如果觉得很痛苦自己无法排解、需要帮助可以随时和齐老师联系，并征得他的同意后将情况告诉了他的父母。徐威母亲说她知道儿子和李梦分手的事情，她也劝徐威想开一点，要是不合适的话，分就分吧，不要再一直纠缠李梦了，但徐威就是听不进去。接下来的几天，齐老师密切关注徐威的动态，通过微信和他聊天，同时让他学生会的好朋友、舍友多关照他，帮助他早日从失恋的阴影中走出来。齐老师告诉徐威学校心理中心的预约方式，建议他找心理老师做专业的心理疏导，他答应去试试。在心理中心咨询了两周，徐威和齐老师请假，说想回家休息几天，好好调整一下状态。

然而徐威在家待了不到 1 天，就又回到学校，并在回学校当晚发生了本案例开头的出走东湖事件。接到张涛的电话后，齐老师立即联系李梦，李梦说徐威给她发了条短信，说在东湖老地方见她最后一面。这时张涛又看到徐威朋友圈发了条小视频，视频里有一个路名的牌子，配文是"12月的晚上，很冷"。张涛电话拨过去，徐威又关机了。张涛说他们一群人之前一起去过东湖，他大概知道徐威说的"老地方"是哪里。随后徐威朋友圈又发了几条小视频，视频里是他路过的地方，但是一发完视频他就会关机。张涛和另外一名学生干部根据徐威朋友圈的小视频线路去找徐威，齐老师和他们约好在东湖汇合。事后齐老师才知道徐威当晚的朋友圈只对李梦、张涛、齐老师三人设置了可见，其他人都看不见。

到达东湖后，张涛看到徐威坐在白堤边的长凳上，双目紧闭，手里牵着一个带线的彩灯气球，不时睁眼看看手机，徐威问张涛："李梦怎么还不来？"张涛告诉他李梦在来的路上，马上就到。齐老师和他说话，他闭上眼睛，不回答。李梦到了之后，大家一起劝他先回学校，回办公室大家一起坐下来好好聊。其间，齐老师一直和学校心理中心薛老师保持联系，根据薛老师建议的方式方法和徐威沟通。在东湖边僵持了一个小时之久，徐威终于答应和大家一起回学校。到学校后，徐威父母也从老家赶到。徐威母亲痛哭不止，说对不起徐威，对不起李梦，说徐威和他父亲太像了，以前她要出去和朋友聚会，徐威父亲也会以跳楼威胁不让她出去，她明白是她自己和徐威父亲经常争吵、冷漠的家庭环境给徐威的性格造成了这么严重的影响。

第二天，徐威父母听从学校心理中心老师的建议，带徐威去专科医院检查，检查结果为重度抑郁。医生说徐威压力较大，应激事件处理能力较差，更深层次的问题是人格障碍。医生给徐威开了一些抗抑郁的药，叮嘱他按疗程服用，并建议他每两周去医院找心理医生咨询。医生告诉徐威父母，徐威需要长期的心理咨询才能慢慢改变认知方式。徐威父母决定先带徐威回家休息一段时间再回学校读书。

第二年的春季开学，徐威回到学校，精神状态好了很多，齐老师建议他退出学生会，把重心放在学业和社会实践上，但他和齐老师说自己会好好把精力放在学生会部门工作上，努力做出点成绩。在工作中，徐威和其他人都能和谐相处，但唯独面对李梦，徐威会针锋相对，认为李梦联合学生会的其他同学孤立他，有时会去李梦所负责的部门挑刺，说李梦工作不到位。齐老师建议徐威继续在学校心理中心做咨询，慢慢恢复正常状态。

距离和李梦分手已有1年，徐威似乎还没完全从失恋的阴影中走出来，但和之前相比，徐威的精神风貌、工作态度都好了很多，有时给他安排一些其他的工作，让他转移注意力，徐威也都能较好完成。之后，徐威去某外企公司实习，希望毕业后能进入该外企工作。

### 🔍 问题分析

徐威因失恋而产生频繁的过激和自残行为，医院诊断为抑郁症和人格障碍。综合收集的资料，以及徐威主述和李梦、张涛、辅导员齐老师的观察了解，对徐威此次危机事件的分析如下。

#### 1. 认知偏差：存在不合理信念

根据艾里克森的人格发展理论，大学生（18～25 岁）正处于亲密感对孤独感的冲突阶段，这一阶段的任务就是度过亲密对孤独的危机。如果这一阶段的危机成功地得到解决，就会形成爱的美德；如果危机不能成功地解决，这种生命中不能承受之重的状态会最终以心理疾患、行为问题等形式爆发出来。徐威对于失恋的认知存在不合理信念（不合理信念有三大特征：绝对化、以偏概全、糟糕至极），认为他很爱李梦，只要他能够改正问题，李梦就应该和他和好。而在李梦拒绝与他和好后，徐威觉得自己是被抛弃的一方，沉浸在自怨自艾和愤怒痛苦的情绪中无法自拔，对李梦的态度在忏悔式请求原谅和侮辱式说再见之间来回循环。

#### 2. 行为方式：病态宣泄负性情绪

徐威和李梦分手后，愤怒、痛苦、压抑的情绪找不到出口，最终通过用烟头烫自己的手臂、撞墙、捶墙等方式，以求让自己从身体的痛苦中感受到放松、刺激，获得片刻喘息。通过自残，徐威把自身无法承受的心理痛苦转化为身体上的痛苦，从而宣泄自己的负性情绪。但自残过后，徐威又会产生内疚、懊悔等不良情绪，从而加重对自我的否定，变得更加痛苦，如此循环反复。徐威明知道这样做不对，但是不能控制。因此，这是一种病态的情绪宣泄方式。

#### 3. 原生家庭：父母相处模式的负面影响

孩子的心理问题常常可以在不愉快的童年和家庭环境中找到影子。徐威从小就成长在一个比较压抑的家庭环境里，父母感情不和，家里永远充满父母无休止的争吵，家庭缺乏温暖。父母的相处模式严重影响了徐威和女友的相处模式，徐威会像自己的父亲一样以跳楼自杀等方式威胁另一半来解决问题。徐威曾经和母亲说以后找女朋友不会找像母亲一样强势的女人，但还是会被李梦这样强势、能干的女生吸引。由此可见，个体无意识层面的力量非常强大，如何避免学生陷入"强迫性重复"，避免学生重蹈覆辙就显得至关重要。

### ⏱ 辅导员工作策略

大学阶段，是人一生中最富有激情和浪漫的阶段，爱情是校园生活的内容之一。然而，校园爱情很美好，也很脆弱，很多学生为情所困，身陷爱情的囹圄不能自拔，校园里每天上演着一幕幕爱恨情仇。大学阶段，学生失恋时有发生，但这往往是辅导员思想政治教育工作的盲区，失恋学生的心理健康应当引起辅导员的高度关注。

### 1. 以情入手，稳定当事人情绪，控制局面

辅导员接到张涛的电话后，第一时间赶往东湖，并迅速成立临时工作组"东湖营救行动小组"。一是与李梦、张涛取得联系，了解事情缘由；二是和徐威家长沟通，通知他们来学校；三是在现场与学校心理中心的薛老师保持联系，根据心理老师建议的方式方法和徐威进行沟通，以免刺激到徐威的情绪，使事态恶化。找到徐威后，辅导员根据心理中心老师的建议，及时疏解徐威爆发的情绪。在辅导员和同学们的几番劝说后，徐威同意和大家一起先回学校等父母过来。

### 2. 以理服人，和家长沟通情况，寻找解决策略

东湖事件之前，由于徐威在学校里的几次自残行为，辅导员和徐威家长平日里也保持着联络，徐威家长对徐威的状态和行为也比较清楚。东湖事件当晚接到辅导员电话后，徐威家长第一时间从老家连夜赶到学校，并在学院领导、辅导员的建议下，同意第二天陪同徐威去医院接受专业治疗。

### 3. 以爱化人，无条件接纳学生，做好追踪

作为心理助人者，对学生的接纳和倾听是非常重要的。在第一次知道徐威有自残情况时，辅导员就立即以聊工作之机约徐威见面了解情况，辅导员没有批评徐威的过激行为，而是让他倾诉自己的感情纠结，让他感受到辅导员对他的接纳。通过他的自述，辅导员了解到他存在害怕、焦虑、恐惧等不良情绪，了解到他之前也有过自残行为，由此评估他的危机风险较高。辅导员告诉他如果痛苦的情绪无法排解，可以随时联系辅导员，并建议他去学校心理中心咨询，且征得他的同意将情况告诉了他的父母。也许是因为这种接纳，出走东湖当晚徐威发的朋友圈仅三人可见里会有辅导员，徐威也许是希望辅导员看到他的朋友圈后能去帮助他。整个过程中，辅导员也通过和徐威舍友、好朋友、父母保持联系，时时了解徐威情况，做好事件追踪。

### 4. 反思回应，做好台账记录，总结经验

危机事件处理后，辅导员及时做好案例的台账记录，记录好学生信息、事件经过等详细信息。此外，辅导员总结经验教训，在学院通过不定期举办恋爱心理讲座、心理沙龙等方式，加强对学生进行两性健康教育，注重培养大学生本人学会爱与被爱和承受爱情挫折的能力，帮助大学生建立健康积极的爱情观。徐威的案例让辅导员明白，心理治疗，特别是重度抑郁症和人格障碍，不是通过一朝一夕吃药、咨询就能康复的，它需要一个长期的治疗过程。为此，辅导员要在日常工作中加强建立心理舆情网络，加强多方沟通，形成教育合力，有效遏制事情继续向坏的方向发展的可能，保证学生的安全。

## 💡 心理咨询师建议

### 1. 一旦发现学生存在危机风险，就医诊断至关重要

辅导员谈心谈话要增强专业敏感性，一旦发现学生因应激事件而产生自残、自伤、自杀或伤人、杀人等可能伤害自己及他人生命安全的意念、冲动或行为时，在说服学生同意的前提下，应立刻联系学生监护人，同时直接送往医疗机构进行诊断，结合医院诊断结果，再行安排处理方案。即使学生不同意告知父母，也要先说服学生就医，同时想方设法联系其父母，等父母到校后再和父母一起商量应对方案。告知父母的同时，要安排人员对学生进行 24 小时监护，以确保其生命安全。

### 2. 发现学生既有危机风险又存在人格障碍时，建议家长陪读

学生既有危机风险，又存在人格障碍，且有自伤、自杀史者，后续发生危机的可能性更大。因此，这类学生如果继续在校读书，一定要书面告知学生的父母遇到应激事件可能产生的危机风险，建议家长陪读，同时学生需要接受药物治疗和心理治疗。一旦进入重点关注的学生，即使现状良好，也要安排室友或同学关注学生情况，一旦发生心理或行为异常，及时汇报辅导员老师，以防止学生疾病复发，危及生命安全。

### 3. 普及亲密关系的心理学知识，让学生能够积极进行自助

大学生恋爱和失恋都是正常的人生经历，恋爱的过程中有甜蜜、幸福，也会有苦涩和无奈。尤其是失恋后，被抛弃的一方大多会沉浸在痛苦的情绪中无法自拔，要么自哀自怜，要么愤怒报复，无论处于哪种状态，都需要经历一个过程才能慢慢恢复。在此期间，教导失恋者如何应对负面情绪，调整认知观念，慢慢适应新生活，开始新的工作，建立新的人际关系非常重要。如果一段时间后，学生还是难以恢复到正常状态，那么建议学生寻求专业的心理咨询，帮助学生走出失恋的阴影。因此，在大学生群体中要多开展恋爱和失恋应对等主题宣传教育活动，让更多学生了解相关的知识，更好地自助。

### 4. 通过关系危机来认识学生，通过原生家庭实现关系转化

发生关系危机的学生，多是原生家庭存在问题。孩子的身上不可避免地存在原生家庭及父母的影子，本案例就是极好的说明。孩子无意识地认同了父亲的角色，全盘接受或继承了父亲应对关系冲突的模式，并且不可避免地陷入了与父母关系模式相似的"强迫性重复"之中，因此，让学生看到日后自己和女友之间的相处模式也许就是现在自己父母之间的相处模式，那么"这样的关系"（家庭氛围及未来对孩子的影响）学生到底想要吗？让学生自己认识到两人是不适合的，放手也许是他们最好的选择。危机往往会卷入原生家庭，危机处理得当，会促进父母与子女之间相互理解与沟通，促进亲子关系乃至家庭关系的改善，因此，如何从危机中看到资源，实现关系转化是一门艺术，需要辅导员老师不断提升功力，化危机为转机，化僵局为和谐。

# 案例 3 ▶ 一名精神障碍留学生的强制性治疗

## 案例背景

2012 年 11 月的一天，某理工学院接到当地派出所的电话，称该学院一名外国女留学生在学校图书馆扰乱公共秩序，在图书馆内大喊大叫，胡言乱语，见到人就拉着说一些听不懂的话，初步判断该生存在一定程度的精神错乱。经查询，该生名为凯莉，21 岁，系该学院留学生。

接到电话通知后，学院立即安排两位老师前去，将凯莉从当地派出所接回学校。在回校的车上，凯莉无法辨认学院老师，一路上自言自语，一直用手比比画画。在两位老师的护送下，凯莉被送到校外合租的公寓中休息。安顿好学生后，两位老师立即通过电话向分管学生工作的院领导报告相关情况。院领导建议，继续对凯莉进行密切关注。同时建议如有必要须送凯莉去医院就诊。

凯莉返回校外合租的公寓后，并没有马上休息，而是不断地找人聊天、说话，说自己在找东西，就是找不到。学院老师根据凯莉的情况，随即带凯莉前往附近医院就诊。医生根据凯莉的心理和行为表现，初步判断为精神疾病，而且情况较为严重，建议住院接受治疗。但是凯莉非常抵触，说自己没病，不肯住院，也不肯吃药，情绪也比较激动。无奈之下，学院老师只得先带凯莉返回住处，并交代合租的同学密切关注凯莉的行为举动，如有异常，马上向老师报告。

学院老师返回后，将凯莉的详细情况写成文字材料，并报告给学院相关领导。学院老师又连夜联系凯莉的家属，告知凯莉的病情，请家长尽快来学校照顾凯莉，以免病情恶化造成严重后果。凯莉的爸爸表示将尽快来中国处理。

第二天，经同住学生反映，凯莉的情况仍没有好转，总是要出门，不想待在宿舍，她一直在小区楼下的空地上胡言乱语。同住学生因要上课，无法一直跟着凯莉。当天下午，学院的两位老师再次前往凯莉的住处，见到凯莉在楼下草地上，手里拿着一张便利贴和一支笔，嘴里一直自言自语，来来回回地边走边说，时不时停下来，将想到的东西记在便利贴上。老师看了上面的内容，是一些不连贯的名词。老师尝试与她交谈，她说自己找到了另一个世界，自己在和另一个世界的自己说话，并呈现一种神秘的样子。有时，她变得非常亢奋，大声喊叫。看到一只小狗，她会非常热情地抱起来抚摸。老师试探着告诉凯莉，她生病了，需要去医院治疗，老师可以陪她去医院。但凯莉不理不睬，并很生气，说自己没有生病为什么要去医院治疗。

根据其情况，学院老师再次通过电话向领导报告。学院领导认为，凯莉的情况无好转迹象，又不配合治疗，老师也无法24小时在外跟踪守候。领导建议，将当前情况立即告知家长，并请家长授权学校强制将凯莉送往医院。在领导做出以上决定后，学院老师立即再次与其家属联系，告知凯莉的病情状况。家属表示，3天后将到中国。学院老师告诉家长，凯莉的病情愈加严重，根据医生判断，要立即入院治疗，但需要监护人的授权。老师请家属通过发送邮件的方式，将授权书发给学校。家属非常配合，大约1个小时后就将授权书发了过来。收到授权书后，学院老师立即联系校医院救护车，并强制将凯莉送上车，带到医院接受住院治疗。

凯莉抵达医院后，情绪再次失控，大声喊叫，用力挣扎，不愿躺在病床上接受治疗，甚至试图逃离医院，引来其他病人和家属围观。无奈之下，医生和护工对凯莉进行了强制治疗。

当天晚上，学院老师在医院陪同凯莉。凯莉在医生打了镇静剂并睡了一觉后，情绪稍微平稳了，静静地躺在床上，一言不发。医生过来查房时，她也一动不动。一连两天，学院老师轮流陪同照料。在此期间，学院老师分别与领导、学生家长保持密切联系。

两天后，凯莉的父亲如期抵达学校。学院老师面对面与家长交流，并告知接下来由家长在医院照顾凯莉。同时，与凯莉的家长商议，根据医生的判断，凯莉的病情很难在短时间内好转，根据其精神状况，建议休学一年。

经过几天的治疗，凯莉的病情得到了有效控制，情绪比较平稳，也不再像之前那样自言自语，她已经能够与人进行一些基本的交流。一周后，凯莉办理了出院手续。在老师和医生的建议下，凯莉及其家长同意休学一年。回学校办理好休学手续后，凯莉由父亲带回国接受治疗。学院老师详细向家属解释和说明了复学要求，强调需要提供三甲以上医院的医学证明才能申请复学。家属表示理解，对学校和老师们对凯莉的照顾和帮助表示感谢。

## 🔍 问题分析

接到该生行为异常的报告后，经过初步判断，该生出现了精神异常。根据他人反映和学院老师的观察判断，该生的主要问题和症状是行为异常，精神错乱，具体表现为胡言乱语，自说自话，说一些正常人无法理解的没有逻辑性的名词或句子，同时伴有手舞足蹈，不受控制地来回走动，有时情绪激动，有时比较低落，甚至有一种神秘感，有什么秘密不愿告诉他人等。同时，在老师告诉她需要去医院治疗以及医护人员对她治疗时，她坚持说自己没有病。

该生表现为胡言乱语，自说自话，所说的话或写的句子呈现无意义感，表明该生逻辑感丧失，语言上已经失范；该生坚持自己没有患病，认为自己是对的，看到了别人无法了解的世界，认为有其他世界，甚至有某种神秘感，说明该生已失去了自知力和判断力，出现妄想、幻觉症状，精神出现混乱；同时，该生不受控制地来回走动，手舞足蹈，在治疗过程中不配合医护人员和医生治疗，甚至情绪激动，大喊大叫，说明该生自制力丧失，不能有效控制自己的行为。

综合以上情况判断，该生的问题不是一般心理问题，而是精神疾病，需要去专门的精神专科医院接受治疗。所以，对于该生的情况，学院没有联系学校心理咨询中心，而是直接将该生送往精神专科医院。经医生了解该生发病情况和行为表现，判断该生属于严重性精神障碍，需住院接受治疗。

### ⏱ 辅导员工作策略

#### 1. 具备必要的精神病学知识，能基本识别学生状况，明确应对思路

辅导员由于工作需要，须具备基本的精神病学知识，能够对典型的精神症状和疾病做出初步判断。对于没有把握的学生情况，辅导员应迅速联系学校心理中心或校医院相关科室医生，在专业人员的帮助下进行识别评估。辅导员应能判断工作对象属于心理问题还是精神障碍范畴。

根据《中华人民共和国精神卫生法》（以下简称《精神卫生法》）的规定，精神障碍病人需要在专门的医疗机构接受治疗。识别学生属于心理问题还是精神障碍，有助于辅导员明确应对思路，提高工作针对性，确保学生及时得到相应治疗，避免贻误最佳干预时期。

#### 2. 及时跟进事件发展情况，准确汇报学生动态信息，确保学生安全

精神障碍患者由于失去对症状的自知能力，且常伴有幻觉、妄想等症状，对于自身及他人人身安全具有一定威胁。辅导员应及时跟进学生动态，尽快与家长取得联系。本案例中，学生身份具有特殊性，辅导员需要准确向院系领导汇报学生情况，并避免出现国际纠纷。在学生住院治疗前，辅导员要保障学生的人身安全，比如可以安排同宿舍同学进行陪护照顾。在特殊情况下，可以安排辅导员和安保人员暂时陪同学生校外住宿，以免学生发生意外。

### 💡 心理咨询师建议

#### 1. 加强精神病学知识专业培训，能识别判断典型的精神障碍症状

对于典型的精神障碍症状，辅导员应该做到能够迅速识别。精神障碍不同于一般心理问题，发作期症状较为明显，且明显不符合常态行为规范。辅导员可以通过参加精神病学基础知识培训，掌握识别要点，及时做出判断。如果辅导员识别有困难，需要及时联系学校心理中心老师进行评估。

**2. 对患有精神障碍的学生，须做好安全防范工作并联系家长送医就诊**

精神障碍包括精神分裂症、急性短暂性精神障碍、躁狂发作等，具有发作时明显异于常人，患者缺少自知力，以及存在危险性等特征。此类患者在精神障碍发作期难以通过心理咨询获得帮助。根据《精神卫生法》有关规定，辅导员可及时将学生送往精神专科医院或三甲医院精神科，并联系学生监护人获得授权，对学生进行治疗，以避免错过治疗干预的最佳时机。同时辅导员应做好学生住院治疗前后的安全防范工作，比如本案例中安排其他学生对发病学生进行 24 小时看护，以确保安全，避免发生意外。

案例
4 ▶ **不讳疾忌医，要合力育人**
　　　　　　——一例精神分裂症学生的处置

## 案例背景

陈宇是一名大二男生，就读于计算机专业。他虽然是大二的学生，但是已在大学里断断续续待了 3 年多（其中休学了两年）。他休学的原因是患了精神分裂症，由于疾病反复发作，最终他退学了。

大一刚入校时，陈宇并无明显异常，只是有时不修边幅，比如好几天不剃胡须，好几天才洗一次澡，衣服穿得很邋遢等。到了大一下学期，他开始旷课，而且，有室友在他床铺的被褥下看到一把西瓜刀，他跟同学解释说这是为了防身。寝室里有人放着这样一把水果刀，还说是为了防身，这多少让室友有些胆寒。其中一位室友把这件事告诉了辅导员徐老师，陈宇也因此进入了徐老师的视线。

徐老师是刚参加工作的辅导员。他找陈宇谈了一次话，跟他说明了寝室里不允许放置管制刀具的规定。陈宇还算配合，把刀具交给了徐老师，徐老师又把刀具交给了保卫处。陈宇还说，经常看到自己的女朋友出现在女生宿舍楼的顶楼（实际上，他并没有女朋友）。后来的两周里，陈宇两次在晚上约徐老师到操场上陪他谈心。他谈天说地、东拉西扯，徐老师耐心地陪着他绕操场走了一圈又一圈。可是，徐老师非常不知所措，因为陈宇的话题太跳跃了，他觉得自己的思维跟不上陈宇的节奏。陈宇说自己有一个梦想，要在西部城市建一座古堡，他要做古堡的主人。

又过了一个星期，徐老师接到宿管员的电话，宿管员气冲冲地说自己在陈宇寝室进行卫生打分的时候，无缘无故地被他打了一顿，希望老师给个说法。徐老师赶紧前往宿舍了解情况。原来，陈宇又旷课了，宿管员进陈宇的宿舍进行卫生打分的时候，开门的声音比较响，吵醒了陈宇，陈宇二话没说，踹了宿管员几脚。宿管员吓得赶紧跑出了寝室。徐老师把事情经过向学院分管学生工作的王书记做了汇报，王书记觉得陈宇应该有心理问题，于是请学校心理中心的张老师给他做心理评估。

张老师了解了陈宇的基本情况以及和他本人交谈后，认为陈宇可能患上了精神分裂症，于是亲自和陈宇的母亲刘女士取得联系，希望家人能带他到专科医院检查。刘女士说，她和陈宇的父亲离婚多年，父亲早已不管陈宇，而她身体不好，无法到学校来带陈宇去检查。在张老师的一再劝说下，刘女士最终委托学校老师带陈宇去医院检查。

辅导员徐老师带着陈宇去精神专科医院检查。由于病人较多，他们在候诊室里等候着。这时，陈宇显得很不耐烦，多次跑去问值班台的护士什么时候能轮到他检查。护士被问得很烦，于是语气不太友好地说让他别再问了。陈宇很生气，一脚踢向走廊墙壁上的消防栓箱。箱子上的玻璃被踢裂了，陈宇的腿也被割伤了，鲜血直流。

经精神科医生综合分析，陈宇被初步诊断为精神分裂症，需住院治疗。住院后的第三天，母亲刘女士赶到了医院。刘女士说，陈宇在高二时，也曾因为精神分裂症休学一年，但是经过治疗后，已经康复，后来就没有再去医院复查了。她还说，自己十年前改嫁后，现在的丈夫并不喜欢陈宇，这十年来，她也很为难，而且她和现在的丈夫又生了两个孩子，平时根本没时间照顾陈宇。学校希望刘女士为陈宇办理休学手续，但是刘女士坚决不同意，只答应办理一个月的请假手续，她说，陈宇一个月后必须出院，而且只能回学校去。学校很无奈，但又不能强制陈宇办理休学手续。

一个月后，陈宇的病情有明显好转，医生表示他可以出院，坚持服药并继续学业。刘女士没有到医院为陈宇办理出院手续，而是恳求辅导员徐老师为他办了手续。出院后两周，陈宇除了上课偶尔迟到外，其他方面表现良好。但是两周后的一天上午，陈宇的室友又给徐老师打电话，称陈宇前一晚上没回寝室睡觉。学院通过各种渠道去寻找陈宇的下落，但是都没有结果。陈宇的母亲刘女士拒绝来学校商量对策，并说这是学校的责任。无奈之下，学校报警处理，但是警方也无法追查到陈宇的下落。

10 天后，陈宇灰头土脸地回到学校，他称自己去清华大学听课了，认为清华大学教授的水平太一般了。咨询师张老师和陈宇交谈后，发现陈宇出院后一周就擅自停药了，他的精神疾病症状有明显的复发迹象。考虑到陈宇患病且家长极不配合学院工作，学校准备以陈宇旷课 10 天为由，给予开除处理。这时，刘女士才勉强再次来到学校。在她的苦苦哀求下，学校给予陈宇留校察看处分，前提是刘女士需将陈宇带到医院系统治疗，并办理休学。

半年多后，刘女士带着陈宇回校复学。刘女士说，她安排陈宇住院接受了系统治疗，并让他在餐馆里当了几个月的服务员，现在已经康复了。经学校所在地县级以上专科医院复查，陈宇已无明显的精神疾病症状，可以复学，但是仍需继续服药巩固治疗。学院要求刘女士陪读，监督陈宇服药，刘女士一口答应了。但是，办理好复学手续后，刘女士偷偷回家了，称自己每天会和陈宇通电话，监督他服药。

复学后，陈宇被编入下一年级，他在新班级里表现良好。辅导员徐老师每周都会与他谈心一次，咨询师张老师每两周都会与他咨询一次。除了偶尔会上课迟到外，陈宇终于完成了大一下学期的学业，并顺利通过了期末考试。大二上学期开学第一周，辅导员徐老师工作很忙，没有找陈宇谈心。第二周的一天下午，学校保安找到徐老师，说自己前一晚值夜班，有位叫陈宇的学生跟他聊了一夜，他觉得这位学生知识丰富、口才很好，但是聊的一些内容明显不符合主流的意识形态，希望学院做做他的思想工作。得知消息后，徐老师非常紧张，立即向咨询师张老师汇报。张老师很快为陈宇做了一次心理咨询。咨询中，张老师得知陈宇已停药一个多月，他又出现了幻听、妄想、思维联想障碍等精神症状。原来，他暑假里回过一次家，但是继父不喜欢他，所以他又出去打工了。一个多月前，他嫌服药后身体不舒服，精神状态昏昏沉沉的，于是擅自停药了。辅导员徐老师只能再次联系刘女士，希望她再次带陈宇回去治疗。这次，刘女士无论如何也不愿意来学校了，还挂了电话不再理会徐老师。学院很同情陈宇，但是，又没有其他的办法，学校根本无权也无法确保陈宇的生命安全和他人的生命安全。最后，在辅导员和学院分管副书记的陪同下，专门派车将陈宇送回家中。但是，过了两天，陈宇又出现在学校里，他自己跑了回来。

为了寝室同学的安全，学院为陈宇申请了单人宿舍。但是，除了徐老师监督陈宇每天服药外，学院里无法安排专人看护他。陈宇开始给班里的女同学发短信，半夜三更说一些明显带有性挑逗的言语。有一天夜里，陈宇跳河了，说想试试自己的勇气，如果他连死都不怕，那肯定能好好活着。所幸，他被救了起来。他跳河的时候，身体撞到河里的不明物体，受伤了，被送往医院治疗。这时，刘女士才极不情愿地来到学校，为陈宇办理了退学手续。刘女士这时才说，陈宇的外婆也曾患有精神疾病，当时是跳河自杀的。

### 🔍 问题分析

陈宇患的是精神分裂症，这是一组病因未明的精神疾病，具有思维、情感、行为等多方面障碍，以及精神活动不协调，一般都有自知力障碍。他的病情容易反复发作以及不断恶化，经系统治疗后，部分病人可保持痊愈或基本痊愈状态。

陈宇患精神分裂症的确切原因不明，但能从其个人成长经历中看出蛛丝马迹。他小时候家境贫穷，内心自卑；父母感情不和，在他读小学时离异，使其内心受到重创；在妈妈新组建的家庭里，继父不喜欢他，他感受不到温暖，感觉被他人嫌弃；他的外婆患有精神分裂症，死于跳河自杀；他很想改变自己的现状，想通过勤奋学习改变自己的命运；来到大学后，他的心理落差很大，学业压力、生活压力等都很大。这些都可以看成是他患病的影响因素。患病后，他既没有得到充分的治疗，也没有得到家人、朋友的关心，以致病情反复发作，最终因为自杀未遂而退学。他的遭遇令人同情，也叫人惋惜。

在这个案例中，陈宇家人的表现令人难过。父母离异后，父亲不再管他，继父不喜欢他，母亲没时间去管他，他就像一个被遗弃的人。他在高中时就患上了精神分裂症，如果当时得到充分治疗并定期复查，他有可能顺利完成大学学业。

### 辅导员工作策略

#### 1. 专业的事情，交给专业的人去做

遇到陈宇这样的学生，辅导员该怎么办呢？要记住"专业的事情，交给专业的人去做"。辅导员遇到需要心理咨询的学生，要把学生转介给心理咨询师；遇到像陈宇这样患有严重精神疾病的学生，要把学生转介给精神科医生，否则只会贻误病情，造成不可估量的后果。本案例中，辅导员徐老师还算是在陈宇没有造成严重后果的时候，把他送到了心理咨询师张老师那里。张老师对陈宇的问题做了科学评估，又及时联系家长，并接受家长的委托，将他送到了精神专科医院治疗。可以说，这个过程还是比较顺利的。

从本案例中也可以看出，学校心理中心的存在具有重要意义。但是，很遗憾，有些高校，尤其是一些高职院校，至今仍没有设立学校心理中心，心理健康教育队伍的力量也非常薄弱。假如咨询师张老师的业务能力不行，在陈宇踹了宿管员后，没有识别出他可能患有精神分裂症，那么学校极有可能会给陈宇一个处分，而忽略了他的病情。

#### 2. 辅导员"一专多能"具有重要意义

其实，在本案例中，辅导员徐老师可以在更早的时候将陈宇转介到学校心理中心去。当他第一次和陈宇谈话，听到陈宇说看到自己的女朋友经常出现在女生宿舍楼顶时，他就应该要有敏感性，要认识到陈宇可能出现了幻觉。他不修边幅，好几天不剃胡须，好几天才洗一次澡，衣服穿着邋遢等，这些都是意志减退的表现。后来，咨询师张老师在和陈宇咨询的时候了解到，他之所以把西瓜刀放在被褥底下，是因为他坚定地认为有人要害他，这是被害妄想的表现。这些症状都在提示陈宇可能出现了心理异常或精神异常。

当然，徐老师是一位新辅导员，尚没有接受心理健康教育方面的专业训练。各高校在辅导员队伍建设的工作中，经常会提到一个词叫"一专多能"，通俗地说，就是辅导员要有一个专业化的发展方向，同时要具备多种业务技能。在一些高校，"心理健康教育"被作为一项全体辅导员都要掌握的业务技能，只有这样，辅导员才能一方面做到对学生的心理问题早发现、早介入，另一方面，帮助心理健康的学生进一步提升心理素质。所以，辅导员"一专多能"是具有重要意义的。

#### 3. 辅导员遇到这样的问题，还可以怎么做

本案例中，虽然陈宇的病情超出了辅导员徐老师的工作能力和工作范围，但是，徐老师仍然可以做许多工作，归纳起来主要有：

（1）关心陈宇在校期间的学习和生活。辅导员要做学生的人生导师和知心朋友，徐老师虽是刚入职的辅导员，但是他完成了本科学业、研究生学业，比陈宇年长，可

以算是过来人。他有许多经验和教训可以和陈宇分享。他可以经常深入教室、寝室，了解陈宇的学习、生活状况，也可以约陈宇到办公室聊天、谈心，深入交流。只要以关心、关爱、温暖的态度去面对陈宇，必定能和陈宇建立起良好的师生关系。

（2）帮助陈宇申请一定的困难补助金。陈宇的家庭经济状况很不好，他又患有重性精神疾病，医药费成为他很大的负担。一些高校设立了专门的助学基金，像陈宇这样的情况，可以申请适度的困难补助金。

（3）沟通协调学院、学校心理中心、家长、学生本人、医院等工作。辅导员拥有双重身份，既是教师，又是管理者。作为教师，辅导员要做好育人工作；作为管理者，辅导员要做好行政管理工作。虽然陈宇被转介到学校的心理中心，但是，从管理的角度来看，他仍由学院管理，心理中心主要是提供技术层面的支持。所以，辅导员要担负起管理职责，沟通协调学院、学校心理中心、家长、医院等工作，帮助学生获得必要的帮助。

### 💡 心理咨询师建议

#### 1. 专业的人，得要有业务方面的专业水准

张老师是拥有较高专业水准的心理咨询师，她能比较准确地识别出陈宇的精神症状，并能及时转介，让陈宇得到了系统的治疗。然而，实际工作中，一些心理咨询师的专业能力参差不齐，曾有咨询师把精神分裂症误判为是一般的情绪问题，仅仅采用了心理咨询；也有一些咨询师过度反应，把一般的敏感多疑，误判为是严重的精神疾病，从而兴师动众地把学生送到医院诊断，最后惹来家长的不满和投诉。所以，心理咨询师要不断加强业务知识的学习，尤其要加强心理问题、精神疾病识别的能力。

辅导员如果对学生的心理问题判断没有十足的把握，这时一定要去向更专业的心理咨询师求助，可以让更专业的心理咨询师做督导，也可以在征求学生同意后，直接把学生转介给更专业的心理咨询师。辅导员切不可过分自信，以致贻误了学生的病情。

#### 2. 得知孩子可能有心理疾病，家长会有哪些表现

当得知孩子患有心理疾病或精神疾病时，有的家长会很冷静地接受现实，并配合学校，带孩子去医院检查、治疗；有的家长则会刻意回避孩子的问题，或刻意隐瞒孩子曾经的病史，从而加重了孩子的病情；有的家长对心理疾病缺乏认识，认为自己的孩子身体没问题，不痛不痒的，吃得下饭、睡得着觉，只是脑子想多了而已，不用大惊小怪。

有的家长会说，我的孩子生病了，但现在还没有放假，孩子如果一回家，邻居们肯定会有流言蜚语，孩子以后可怎么见人啊。还有的家长则是把孩子臭骂一通，认为孩子太不懂事了，然后讲一大堆道理给孩子听。更有家长认为孩子的问题是"脏东西"上身了，于是把孩子带到迷信场所做一通法事，之后就把孩子送回学校了。还有的家

长则会说，等我的孩子读完大学，我就带他去医院治疗。也有的家长，他们无计可施，对孩子无可奈何，于是宁愿孩子在学校里耗着，也不愿接受孩子有精神疾病的事实。不同的家长，听到孩子可能有心理疾病，会有很多不同的表现方式。归根到底是社会对心理健康知识的宣传还很不到位。因此，加大支持力度，采取多种形式，促进学校及院系对学生及学生家长进行心理障碍及心理健康知识的宣传教育是十分必要且必需的。

**对女生产生恐惧的男生**
——一例社交恐惧学生的处置

## 案例背景

　　周兵是一名大一男生，就读于国际贸易专业。有同学向辅导员刘老师反映，周兵的行为很奇怪，他每次上课都是踩着铃声进教室，而且总是从后门进教室，如果后门被锁住了，也不会绕到前门，而是猛拍后门，让同学开门；他胆子很小，大学将近一年，几乎没跟班上的女生主动说过话；他很少去楼下的超市买东西，经常让室友替他去买，室友觉得他像个巨婴，自理能力太差；他很少参加班里的活动，喜欢一个人独来独往。同学说，虽然如此，周兵的学习成绩还是不错的。

　　辅导员刘老师也发现了周兵的异样，于是主动联系他，希望介绍一位心理咨询师和他聊聊。周兵一开始有些不情愿，他说自己也曾想过找心理老师，但是他不太想和陌生人聊天。经过刘老师的劝说，周兵最终同意和咨询师聊聊，但是，他提出必须是男咨询师。于是，刘老师给周兵介绍了学校心理中心的咨询师郑老师。

　　郑老师和周兵咨询了四次，周兵也讲述了许多关于自己的故事。最终，郑老师知道了周兵之所以会有这些奇怪行为的原因。在他们共同的努力下，周兵对异性、对与人的交往都有了全新的认识。

　　原来，周兵来自西部偏远山区，他很小的时候就跟随外出打工的父母一起生活。小时候，父母因为要打工，没时间照顾他，常把他一个人反锁在出租房里，父母到晚上9:00才下班，所以，除了上学的时间和吃饭的时间，周兵几乎都是一个人度过。这样的日子一直持续到初中毕业，直到高中住校，他才过上了集体生活。也许是习惯了一个人待着，在学校里，周兵并不主动去和同学交流。

　　之前，他的出租房里，经常会有一些小广告、杂志塞进来。这些广告和杂志一般都是推销两性用品、两性药物的广告，或是医院的一些人流广告。这些广告有的画面粗俗，有的文字充满性挑逗。周兵在学习之余，迷上了看这些广告，对性产生好奇。由于出租房很小，他无意中撞见过几次母亲在房间里换衣服。从初二起，他开始手淫，那种感觉让他难以自拔，同时他又很焦虑，觉得手淫不道德，对身体也不好。自从手淫了以后，他跟同学交流更少了，尤其是女同学。每次有女同学接近的时候，他的心跳都会加速，目光都会回避。到了高二，周兵的学习压力猛然增大，他手淫的次数也更加频繁。有一次上历史课，老师讲的内容比较枯燥，他走神开了小差。他发现邻桌的女生穿着白色的连衣裙，大半条腿露在外面，白白嫩嫩的，看着很美，腋窝下面的短袖开口比较大，隐约看到她的内衣。他有点陶醉其中，想入非非，生理上也不禁有了反应。他悄悄在裤子的口袋里抚摸自己的生殖器。突然，女生整了整自己的连衣裙。他看了一眼女生的脸，发现女生正盯着他看。他立即把目光转到了老师身上，假装在听课，但是，内心却非常紧张，他感到无地自容，不知道女生是否看到了他在手淫，不知道女生是否会把这件事告诉别人。他感到一种强烈的恐惧，后背发凉，头皮发痒，既自责自己卑鄙、下流，又担心事情败露。从那时开始，他就特别害怕遇上这位女生，还特意跟同桌互换了座位。这件事之后，他仍无法摆脱手淫，并且脑子里常会不经意间闪过那位女生看他的画面。此后，当那位女生与班里的女同学聊天时，他会怀疑她是不是在聊他的丑事。慢慢地，他开始对所有女生都感到害怕，不敢去面对女生的目光。

他以为到了大学里后，一切都是新的，可以摆脱之前的烦恼，可事与愿违。大学第一天的班会上，班主任要求每位同学按座位顺序依次到讲台上做自我介绍。周兵感到压力很大，脑子里一片空白。轮到他上台时，他颤颤巍巍地走上讲台，看到下面那么多双眼睛盯着他，他满脸通红，目光无处躲藏，一句话都说不出来。他惊慌失措的表情，引来了底下同学的笑声。从这以后，他不敢面对班里的同学，尤其不敢再面对班主任。他变得更加孤僻、沉默、回避同学，除了偶尔和寝室里的几位室友讲话外，几乎不跟别人讲话。

在咨询中，周兵几度落泪，他说，之所以不想去超市买东西，还被同学误认为是巨婴，这是因为那个超市的收银员都是女的。他表示，如果是男的收银员，他是会自己去买东西的。他在食堂吃饭时，也都刻意选择男服务员打饭的窗口。平时出行，如果不是太远，他宁愿走路或骑自行车也不愿意坐公交车，可以看出他的生活还是受到了很大的影响。他说虽很想和同学好好交往，可他做不到，尤其是开学第一天的经历，让他非常自卑。郑老师梳理了周兵的成长经历，纠正了他对手淫的认知偏差，帮助他重新认识人际交往，并跟他分享了人际交往的技巧和方法。四次咨询之后，周兵的焦虑感明显降低，对女生也不再有强烈的恐惧感。

## 问题分析

### 1. 什么是社交恐惧症

有的人怕蛇，有的人怕狗，但是，有的人怕人，周兵就是这样的人。当然，他不是怕所有人，至少他和室友以及家人相处得都还好，他怕的是陌生人以及女生。这是一种心理异常，心理学上把这些症状称为社交恐惧症。《精神障碍诊断与统计手册》（第五版）（DSM-5）对社交恐惧症（社交焦虑障碍）的描述（节选）为：

（1）个体由于面对可能被他人审视的一种或多种社交情况时而产生显著的害怕或

焦虑。例如，社交互动（对话、会见陌生人），被观看（吃、喝的时候），以及在他人面前表演（演讲时）。

（2）个体害怕自己的言行或呈现的焦虑症状会导致负性的评价（即被羞辱或尴尬；导致被拒绝或冒犯他人）。

（3）社交情况几乎总是能够促发害怕或焦虑。

（4）主动回避社交情况，或是带着强烈的害怕或焦虑去忍受。

（5）这种害怕或焦虑与社交情况和社会文化环境所造成的实际威胁不相称。

（6）这种害怕、焦虑或回避通常持续至少6个月。

从DSM-5对社交恐惧症的描述中可以看出，周兵基本符合这些诊断标准。周兵的症状从高二开始，高考结束后有所缓和，但是大一开学后，又复发了，前后长达3年多的时间；周兵出现了回避社交的行为，这一行为严重影响了生活，他有主动摆脱的愿望和主动求助的心理存在；他害怕社交，尤其害怕与异性交往；他对自己的评价较低，心理自卑、敏感；他的害怕或焦虑与社交情况和社会文化环境所造成的实际威胁不相称。

所谓"一朝被蛇咬，十年怕井绳"。恐惧的对象一般与曾经受过的创伤有一定的关联。恐惧症主要有三类，即场所恐惧症、社交恐惧症和单一恐惧症，恐惧症患者总是极力回避恐惧的客观事物或情境，或是带着恐惧去忍受。周兵也被"蛇"咬过，而且"咬"了两次，一次是高二的时候偷看女生的身体，另一次是大一时被老师叫到台上发言。这两件事都给他的内心造成强烈的伤害，他对人群的恐惧情绪被不断强化。

### 2. 周兵异常行为的实质是什么

周兵的问题其实有两个层次：一是对异性的恐惧，二是对社交的恐惧。他对异性的恐惧主要源于青春期性教育的缺失。不良的书刊、广告，狭窄的出租房里撞见母亲换衣服等都给予他不良的刺激，导致他对异性产生好奇以及对性产生错误的认识。他没有别的娱乐项目，紧张的学业压力和人际交往的压力无处释放，这种焦虑情绪最终通过手淫的方式予以释放。而在手淫后，他又对自己产生不良的道德评价，对异性既渴望又害羞。最终在高二的时候，他因偷看女生控制不住手淫，在与女生目光对视后，害怕自己被发觉而羞愧难安。应该说，这是他异性恐惧的根源所在。而此后他不断自责又不停地强化了这种恐惧感。他的问题出现了泛化，从害怕一位女生，到害怕几乎所有的女生。他对社交的恐惧，则主要源于小时候的成长经历，他被人为地隔离起来，缺乏与同伴的交往，而且很自卑，这导致他越来越内向，也越来越不敢和别人交流。

### ⏱ 辅导员工作策略

#### 1. 创造条件，适度增加周兵与人接触的机会

周兵害怕与人接触，与人接触得越少，就越缺少与人接触的经验，而越缺少经验，

就越不知所措，越不知所措，就越感到恐惧，这本身是一个恶性循环。所以，躲避与人交往，尤其是躲避与异性交往，这肯定不是长久之计，也不是教育的本意。辅导员是大学生的人生导师和知心朋友，应该要创造条件，增加周兵与他人接触的机会。

本案例中，辅导员刘老师及时动员周兵寻求专业心理辅导。刘老师也可以直接询问周兵，他和哪些群体接触时，内心的焦虑感会低一些。比如，与幼儿园的孩子、小学的孩子、敬老院的老人交流时，周兵的内心焦虑感是否会明显降低等。如果会明显降低，刘老师就可以推荐周兵参加一些相关的青年志愿者服务活动，这种社会实践对于周兵的问题无疑是很有帮助的。有一位辅导员，曾经也遇到过一位和周兵有类似问题的学生，他安排那位学生在课余时到自己的办公室帮忙，辅助他处理一些工作，比如跑腿送材料，给前来办事的学生盖章、发表格、复印资料等事务性工作。这位辅导员发现，这些安排都有助于促进那位同学学习如何与人交流，从而降低内心的焦虑情绪。

### 2. 积极关注，帮助周兵看到身上的优点

由于大学里特殊的管理方式，和学生最接近、接触最多的老师应该就是辅导员。辅导员可以去班级、寝室，于无声处给学生带去很自然的关心和温暖，而不会让学生觉得自己被刻意关注。社交恐惧症的学生缺乏可以谈心里话的人，如果辅导员经常找他们谈谈心，聊聊学习、生活，就很容易取得他们的信任。一旦信任感建立了，辅导员对学生出现的一些进步表现给予及时的表扬和积极关注，帮助学生一分为二看待自己，逐渐培养学生的自信心。

### 3. 刻意引导，让其他学生主动和周兵交流

人际交往需要人与人之间共同参与才能完成。本案例中，周兵对他人，尤其对异性比较回避，这不利于周兵人际关系的建立。辅导员可以利用工作之便，刻意引导周兵身边的同学主动和周兵交流，并给予他关心和温暖。当然，辅导员要注意适度保护周兵的个人隐私，也要和学生解释清楚，他的行为不是因为有其他问题，而是成长经历造成的。当同学们正确认识了周兵的问题后，他们会主动去找周兵交流，这对于周兵提升人际交往能力有积极的意义。

### 💡 心理咨询师建议

如何帮助周兵同学克服因社交恐惧带来的不适感呢？一般认为，可以从以下方面去着手。

### 1. 正确认识社交恐惧症，帮助周兵正视问题本身

生活中，在社交方面存在困扰的学生还是比较常见的。有的学生会说，他们不喜欢在人多的时候去食堂吃饭，因为总觉得有人盯着他们打饭、端菜，盯着他们吃饭，怪不好意思的。理性思考一下，别人因为什么原因要盯着他们呢？他们身上有什么特

别之处吗？其实并没有。

心理学上认为，强度大的、对比鲜明的、突然出现的、变化运动的、新颖的刺激、自己感兴趣的、觉得有价值的刺激等容易引起人的无意注意。归纳起来，引起他人无意注意的就两个方面：刺激物本身的特点和他人内部心理状态。这个时候，如果能调取食堂的监控，让当事学生仔细观看他从打饭开始到吃完饭整个过程的完整监控，他们一定会认识到，其实并没有人在意他们的这些行为，是他们自己心里有"鬼"而已。要让学生明白，社交恐惧症并不是很严重的心理疾病，他们不必有太大的心理负担。

### 2. 重新认识、评估过往发生的心理创伤事件

过往的心理创伤性事件如果没有处理好，容易形成心结，心结也就是通常所说的心病。对某件事有心结的人，一旦碰触到相似的事，容易产生不符合常理的行为反应和情绪反应。周兵对女生的恐惧、对在公共场合发言的恐惧，都有这样的心结存在。可以说，个体身上存在这样的心结，往往会令他对当时发生的事情存在不合理的认知和评价。当一个人处于这种心结之中，会几倍地放大外界对自己的反应，并且会陷入一种特定的思维里面，不断重复，不断强化。如果现在重新帮助周兵回顾当时发生的事，并和他一起理性分析这些事件的前因、过程、后果，他一定能对这些事件有重新的认识。在认知行为治疗方面，一个较完整的疗程包括三个阶段：直面恐惧——恐惧症状、与症状相关的对应模式；解析恐惧——恐惧的深层缘由；容纳恐惧——恐惧所指的实相。

### 3. 树立正确的两性观，接受科学的性教育

异性恐惧症患者，一方面强烈渴望与异性接近，另一方面又产生严重的焦虑情绪，甚至出现异性关系妄想等心理症状，他们不敢与异性目光接触，更不敢与异性交谈，即使与异性交谈，也会面红耳赤，言语不清，一看见异性朝自己走来，就会全身紧张、流汗。这些都是没有系统接受性教育导致的结果。任何一个人到了关键的年龄，都会对性产生关注和探索，但是，青少年接受性健康教育的途径有限，因此对性的认识大多是片面的。手淫行为在青少年中属于比较普遍的现象，统计资料显示，男生手淫的比例高达 60%。然而，能正确地认识手淫的男生并不多，他们因此背负上沉重的心理负担，认为手淫既伤身，又有违道德。一部分男生还认为，手淫会影响今后的生儿育女。其实，手淫只是性行为的一种方式而已，适度的手淫并不会对身体产生危害。还有些人受到传统思想的影响，对异性总是高度紧张、高度戒备，把异性和害怕联系在一起，久而久之就形成一种条件反射。所以要普及正确的性知识，帮助学生树立正确的两性观。

### 4. 引导学生在社交场合进行互动交流，练习社交技巧

从周兵身上我们可以看出，他现在出现的问题，很大原因是在成长过程中，尤其是早期的成长过程中，缺乏充足的社会交往。父母的养育方式让他习惯于独处以及回

避与人的交往。在心理层面上，他可能并不想主动和他人交往；在技术层面上，他也不知道该怎么和他人交往。可以鼓励周兵参加团体心理辅导。团体心理辅导是在团体的情境下进行的一种心理辅导形式，它是通过团体内人际交互作用，促使个体在交往中观察、学习、体验，认识自我、探索自我、调整改善与他人的关系，学习新的态度与行为方式，以促进个体良好的适应与发展的助人过程。通过团体辅导，在安全的人际氛围中，学习人际交往技能，体验到不一样的人际交往模式，引导周兵与他人频繁互动，逐步提升周兵的人际交往能力，从而改善其社交恐惧的问题。

### 5. 如果学生的问题极其严重，需要服用必要的药物

如果学生的恐惧情绪非常严重，严重损害了其社会功能，必要时需要医疗手段介入，在精神科或心理科医生的指导下服用必要的药物，以缓解焦虑情绪和抑郁症状。

## 案例 6　毕业迷途中的抑郁少女

### 案例概述

2018 年 4 月 30 日晚上 10 点，辅导员包老师接到余雯父亲的电话，说女儿现在状态不对，一直在哭着给其母亲打电话，具体原因不明，也不肯说自己在哪里。包老师当时因事暂不在学校，但想起余雯曾说过大二期间心情不好时便会去寝室楼顶楼的天台吹风，于是第一时间联系余雯室友，让她们去天台上寻找余雯，并交代一旦找到余雯，务必把余雯稳住，劝至安全区。5 分钟后，室友告诉包老师，果然在天台找到了余雯，她正在与母亲打电话，情绪很低落，但处境相对安全。包老师告知余雯父亲已找到余雯，并建议他和余雯母亲尽快赶来校。晚上 10 点半，包老师赶到学校，途中得知余雯因室友出现在天台而感到不适，匆匆结束了通话并返回寝室，目前正躺在床上不肯说话，而室友们在一旁陪伴。

包老师来到余雯寝室，发现余雯面色忧郁、两眼无神、满面倦容，但交流时意识清醒，自知力较为完整，应答时声音低沉、语速较慢，主动言语少，问一句答一句，情绪低落、神情焦虑。余雯平时性格文静、内向，在熟悉的人面前言语较多。她是家中长女，下有一个妹妹，父母均为农民出身，家庭经济条件中等偏下。父母文化程度不高，但对子女的管教顺其自然，家庭氛围宽松，促成求助者独立但固执、乖巧但隐忍，自尊心强的性格。上大学之前，余雯学习成绩较好，不需要父母操心，在父母眼中是一个上进的好孩子。

进入大学后，余雯能较积极地参与班集体活动，与室友相处良好，但不能很好地适应新的学习环境，学习压力较大，成绩不理想，成为学业困难一般关注对象。专业分流后她搬入新校区、编入新班级、进入新寝室，新校园、新同学、新室友、新课程又带给她新的适应问题。余雯平时课程安排紧、学习压力大，与新室友相处一般，在寝室里低调处事、小心谨慎，与新班级同学交流较少、感情不深，几乎是独来独往。余雯因自身有点肥胖产生自卑感，开始节食和运动，体重有所下降。种种因素导致余雯在大二整个学年情绪较为低落，表现出轻微抑郁的症状，但通过运动和自我情绪调整后于大三开始时基本好转。大二期间有室友因抑郁症退学，余雯开始关注抑郁症，并对比室友的症状和自身情况开展自我调节。大三开始，余雯坚持每天运动，学习情况也有所好转，与室友同学及老师的交流也逐渐增多，平时还外出做家教等兼职工作。她认为抑郁症不可怕，通过运动、倾诉、寻找并坚持做感兴趣的事等方式可以克服。

大三结束，除了毕业设计外，余雯的课程学习全部完成。

大四第一学期，余雯找到了一份自己满意的实习工作。由于毕业设计暂未开始，她几乎把所有精力都投到了实习中，工作业绩较为突出，深受领导认可，实习进展顺利。毕业设计开始后，余雯曾与经理商讨调整实习工作量和工作时间的问题，但都被经理拒绝了。经理无形中给余雯传递出"只要工作做得好，大学毕不毕业都没关系，而且本科毕业设计不用花很多精力就能搞定"的信息。碍于对经理的感恩，以及经理对自己的承诺，余雯只好妥协，于 3 月份草草做了毕业设计的开题。

余雯自述，自 3 月底开始，随着毕业设计压力的逐渐增大，她已无法很好地分配实习与毕业设计的精力，看着室友们每天都在有条不紊地开展毕业设计，她心里很着急，但是又使不上劲。她认为自己的专业知识不够扎实，很多毕业设计的环节完不成，但当她想去仔细琢磨的时候，经理又交代给她一些工作，时间紧任务重，必须马上去完成，所以更加没有精力去研究毕业设计了。余雯很矛盾，她想两边都抓牢，但是力不从心，于是开始睡不好、吃不下，情绪越来越低落，有时候还会胸闷心慌。她感觉自己好像又回到了大二的状态，就想通过原来的方式来做调整，但发现情况越来越糟糕。这一个月以来，她经常失眠，有时一天不吃东西，有时又觉得这样不好，就会暴饮暴食，但是一想到这样容易发胖，她就到厕所去催吐。她只想一个人待在寝室，她感到越来越痛苦，认为自己这么大了却一事无成，还不如死了算了。余雯想着死的时候，就刻意屏住呼吸让自己窒息，她曾尝试在手腕上割了一刀，但想到自己的父母还是放弃了。之前有室友得抑郁症退学的时候，余雯感觉自己也有抑郁症，但又特别害怕像她（抑郁症室友）一样被其他人冷落、指点，最后被"赶出"寝室，所以一直很小心谨慎，不想让室友察觉自己抑郁。现在她自己一个人真的承受不住了，她想恢复正常，所以就给母亲打电话求助，她很喜欢顶楼天台，一个人发呆发泄没人打扰，也不会影响他人。

据了解，余雯与大一室友相处较好，结下了较为深厚的友谊，但由于大二换了新班级、新寝室，她与原室友接触的时间和机会减少了。大二起新寝室原住 5 人，大二第二学期 1 位室友因抑郁症退学。4 人中除余雯外，有 2 位室友个性较张扬，另 1 位室友脾气较为温和。因性格原因，余雯平时在寝室小心谨慎，生怕新室友对其留下不好的印象。她的这些行为，反而让室友们觉得她性格古怪，于是彼此间接触并不频繁，但也算和睦相处。大四开始，室友们陆续出去应聘，或者投身于毕业设计，白天几乎不在寝室，到晚上才回寝室睡觉，余雯与她们之间的交流就更少了。近期，室友们只知道余雯找到了一份实习，每天挺辛苦的，但也可以在寝室办公，因此也不质疑余雯为何每天都在寝室。

听完余雯的讲述，包老师表示愿意帮助她，并鼓励余雯第二天白天在父母和老师的陪同下前往专业医院诊治。余雯同意诊治，并向包老师再三保证，见到父母前，绝不会有轻生行为。余雯的寝室在二楼，窗户安装了防盗网，相对安全。当晚，包老师让余雯室友轮流看护，她自己则在寝室楼下做好实时追踪。第二天中午余雯父亲赶到学校，同时，包老师及时把事件汇报给学院分管领导，并寻求校心理健康中心老师的帮助和指导。5月1日下午，余雯与父亲午饭后在包老师的陪同下一起前往医院就诊。余雯被确诊为重度抑郁，需要住院治疗。但余雯不喜欢住院环境，就在父亲的陪同下出院，回老家进行治疗了。

## 🔍 问题分析

综合收集的资料，以及余雯主述、室友和辅导员的观察了解，将余雯近1个月的精神状态、身体状态和社会功能总结如下。

### 1. 精神状态

心境低落，主要表现为显著而持久的情绪低落、抑郁悲观，兴趣减退、悲观绝望、生不如死；思维迟缓，主要表现为主动言语减少、语速明显减慢、声音低沉、对答困难；意志活动减退，有消极自杀的观念和行为，认知功能损害，但有一定自知力。

### 2. 身体状态

睡眠质量差，有时候入睡困难、睡眠不深，有时候早醒、醒后不能再入睡；食欲减退、全身乏力，会有恶心、心慌、胸闷、出汗等反应，有时候暴饮暴食后强行催吐。

### 3. 社会功能

人际关系紧张，生活被动疏懒，不想做事，不愿意和周围的人接触交往，常常独自一人在寝室，每天机械性地完成实习工作任务，工作效率低，不想参加毕业设计相关课程，情愿卧床度日。

综上所述，余雯出现显著持久的心境低落，闷闷不乐、悲痛欲绝、自卑抑郁，符合抑郁症典型症状表现。

抑郁症的病因与生物、心理和社会环境诸多因素相关，余雯的病因分析如下。

### 1. 生物学因素

余雯的问题中没有明显的生物学因素。

### 2. 社会性因素

余雯存在负性生活事件，主要为实习工作与毕业设计无法协调，眼见一事无成导致压力过大，其次为大二期间一室友因抑郁症退学，对余雯有着较深的负面影响。

### 3. 心理因素

余雯存在不良认知，负性思维严重，对人对事缺乏全面思考和分析，认为自己一事无成、事情无力回天，认为室友们不友好，尤其是不会善待抑郁症患者，认为自己会拖累经理、影响整个公司的发展等；个性特征偏内向、孤僻、执拗，较难适应外部环境，缺乏人际沟通。

## 辅导员工作策略

### 1. 启动紧急干预，化解危机事件

辅导员包老师接到余雯父亲的电话后，让他转告余雯母亲务必与余雯保持通话，第一时间发动就近的室友寻找余雯，并尽快赶到余雯身边，选择在余雯觉得安全、安静的环境中倾听她的倾诉，及时疏解余雯爆发的情绪。由于平时接触较多，余雯对包老师比较信任，便在这样的环境中放肆大哭，哭诉自己 1 个月以来的痛苦和焦虑。包老师一方面解释抑郁症的相关知识，一方面建议余雯鼓起勇气接受专业治疗。几番劝说后，余雯同意包老师与家长联系，让家长来校并陪同她去医院诊治。包老师 24 小时陪护，陪同就医，直至该生住院治疗。

### 2. 紧密联系家长，提供关爱支持

学生在进入高校后出现心理危机，原因需追溯到其家庭及成长过程，所以当学生出现心理问题时应及时联系家长，一方面是从监护人的角度出发，可由他们决定如何进行干预，另一方面由家长协助从根源上解决心理问题。幸运的是，余雯的父母对女儿非常关心，平时与包老师会就余雯的学业问题电话联系，并且对大学生心理问题有所认识，通过这次与女儿的通话便感觉女儿不对劲，第一时间寻求包老师的帮助。在得知女儿暂时无恙的情况下，余雯父亲能够听从包老师的建议，连夜赶往学校，陪同女儿寻找专业医生进行治疗。

### 3. 加强多方沟通，形成助人合力

事件处理过程中，包老师积极寻求多方力量，形成心理助人合力。在得知学生已安全回寝时，她一方面通知家长，一方面及时向学院分管领导汇报情况，寻求领导的指导和其他同事的辅助，此外包老师还向学校心理健康中心寻求专业支持，并做好第二天专家门诊的预约。余雯确诊住院后，包老师鼓励余雯主动与实习单位的经理请辞，引导余雯主动切断一个压力源。同时，在征得余雯同意后，包老师与余雯导师及时沟通、说明情况，为余雯解决因为毕业设计问题而无法毕业的后顾之忧。经理同意余雯辞职，导师同意余雯回家治疗，待康复后再返校完成毕业设计。此外，包老师积极引导余雯正确认识室友们对自己的态度，感受室友们的关心，并表示会合理地向其室友说明余雯的情况。回校后，包老师一方面当面感谢室友们对余雯的帮助和陪伴，一方面在余雯许可范围内向她们说明情况，引导她们照常学习和工作。

### 4. 做好卷宗归档，总结经验教训

危机事件处理后，包老师及时做好案例的卷宗登记，记录好学生信息、事件经过等详细信息，做好实时归档。此外，包老师总结经验教训，积极引导全体毕业生理性看待毕业，建议同学们合理分配毕业设计、应聘面试和实习工作的时间和精力，有条不紊地度过毕业季。同时，包老师还向同学们进一步普及心理健康知识，鼓励同学们

遇到心理问题主动寻求帮助，并提供了各种寻求途径。

### 💡 心理咨询师建议

#### 1. 良好的师生关系是危机工作的基石

余雯危机的顺利处理首先得益于辅导员老师与其平常建立的良好师生关系。辅导员包老师对于余雯曾经提到过的处理情绪的特殊方式和环境留有印象，这是在危机发生时第一时间找到当事人的关键。可见，在日常工作中，辅导员包老师与同学之间建立的良好关系是危机工作的基石，在关键时候会发挥意想不到的作用，因此，辅导员要重视日常师生良好关系的建立。

#### 2. 非理性思维、不恰当的归因等因素是危机的加速剂

余雯对自我、他人以及对周围环境的非理性认知，非黑即白的绝对化思维加重了她的抑郁情绪；她对责任的自我归因强化了她的低自尊，无法信任他人以及对抑郁症的偏见，使得她无法及时跟室友排解不良情绪，她固执的性格使得她应对困境时缺乏灵活性。因此，在日常工作中，辅导员如果发现学生有一些极端的非理性思维，可以有针对性地予以引导，并及时转介心理咨询。

#### 3. 积极资源是危机的阻燃剂

余雯周围还存在不少资源。父母相对轻松的养育环境，使得她和母亲的交流比较顺畅，对家人比较信任，因此哪怕在情绪特别崩溃时，还能想到向母亲倾诉，这使得她没有迈出最后一步。虽然实习单位的经理给了她很多压力，但同时也给了她很多认可，这极大地提升了她的自我价值感，有利于改善她的低自尊。室友因为抑郁症退学，虽然让她看到了疾病的严重影响，但也激发了她自救的愿望和行动，并曾一度取得不错的效果。因此，日常工作中，辅导员若能及时发掘并强化学生身上的积极资源，做好家校互动，就可能让其成为有效阻止危机的积极要素。

#### 4. 准确的危机评估是后续工作的指南针

在危机发生的当下，辅导员如果能够及时了解到学生当前的自杀意念频率、计划等信息，能及时准确地评估危机的风险程度，会对后续整个危机干预工作的部署提供重要线索和工作方向。

综上所述，辅导员在日常工作中，如果发现学生存在类似的情况，首先，要调用所有的能力与学生共情，建立良好的工作同盟；其次，可以针对学生的一些非理性信念，引导其识别、验证，并加以认知重建；最后，对于学生在处理事情、人际交往等方面缺乏经验时，可以进行适当的技能指导和有针对性的训练，在现实生活中帮助其提升相关的技能，以更好地适应大学的学习和生活。

## 案例 7 　不放弃，就有希望

### ——挽回将要退学的焦虑新生

### 案例概述

10 月的一个中午，辅导员何老师接到来自校医院的电话。李恒同学在体育课上晕倒，被紧急送往医院。接到信息后，何老师马上赶到现场，并与李恒的家长联系。在急症室中，躺在病床上的李恒，面容惨白，全身无力，不禁让人心疼。由于是瞬间晕倒，李恒头部受到挫伤，情况一时无法明确。看着李恒略显僵硬的身体，迷离的面容，何老师能做的只有默默地陪伴。对于刚入学的李恒来说，他不仅忍受着身体的伤痛，还承担着更多的压力和忧虑。

高中时，李恒就出现过类似情况，这次的复发更让家人担心。他们决定换家医院做更详细的检查，以便尽快明确病因。复查的过程很漫长，李恒疲于频繁请假和学校医院间的奔波，整个人情绪比较低沉。在每次请假时，他都会和何老师说明情况，寻求相关帮助。何老师对李恒关心备至，尽力安抚情绪。他们之间渐渐变得热络起来。

某天，何老师收到李恒的一条微信："老师，我可能患有癫痫，真不知道该怎么办？"面对学生的倾诉，何老师心情沉重，预感事情会向复杂的状态发展。由于是发微信，何老师没有办法全面深入地了解情况。何老师决定约李恒出来，通过面谈掌握更多信息。

李恒告诉何老师，昨天去医院检查了，医生说他有得癫痫的可能。现在具体的结果还没有出来，需要再复查几次。李恒自己上网搜索过这种病，相关的病情描述都比较严重。他感觉自己最近压力很大，无法正常作息，动不动就会想这件事情。

何老师安慰李恒，你从上次去医院检查到现在就一直没有停歇，身心都很疲惫了。何老师引导李恒，要先放松下来，不能长期处于紧张状态。首先要调整心态，何老师答应李恒会一起找问题，解决问题。李恒高中时就出现过类似状况，但一直没太在意。现在，它又出现了，这是潜在问题的呈现。何老师告诉李恒要正视可能存在的疾病，早发现，早治愈，对李恒来说，就是最大的幸运。何老师让李恒回去后好好休息，静下心来，尽快查明病因，如果是癫痫，就赶快治疗。无论什么时候，心态是最重要的。

这次交流后，李恒的情绪稍有些平静，但对于病情的忧虑一直都困扰着他。每次去医院，他都会与何老师沟通，说明最新情况。一天，何老师又收到了他的微信："老师，我已经确诊不是癫痫了。"这下，何老师原本悬着的心终于放了下来。何老师给李恒打了电话，表达了自己的喜悦之情，也觉得李恒终于可以安心学习了。

但事情总没有预想得那么顺利，一周后，李恒又来找何老师。前段时间的焦虑还没完全消退，加上开学后的不适应、学业压力，李恒的心态显得很急躁，情绪显得很不稳定。在更加深入的沟通中，李恒敞开心扉，诉说了一些更为隐私的事情。他和家人的关系较为疏远，与父亲基本上没有沟通。日常生活中，遇到事情都靠他自己来扛，且他对自己的学习要求很高。由于前段时间请假多，核心课程补起来有点吃力，多重压力的累积让李恒备感不安。

由于自身无法合理调适，李恒提出了退学的想法。他一度很固执，想要回家自学。某天晚自习课上，李恒抽泣着打电话给何老师。当天在下雨，气温很低；何老师在自习室里没看到他，几经查找后，在一个阴暗的角落里发现了独自蹲在地上的李恒。这是李恒情况最严重的一次。何老师也备感压力，李恒浑身发抖，躺在地上，无法控制自己，哭泣着讲述最近的心事。何老师脱下外套，穿在他身上，希望用最大程度的感同身受来温暖他。过了一会后，李恒心情渐渐平静，身体状态也恢复正常。何老师和李恒提出共同想办法，解决问题。

他们达成约定：第一，给李恒足够的信任与一定的时间安排权限，让他能专心学习，争取在较短时间内赶上学习进度。第二，李恒要尝试与家人沟通，改善关系。第三，李恒要遏制胡思乱想的心理状态，静下心去感受大学生活、掌控大学生活。第四，坚持一个月的时间，看最后的结果，何老师会尊重李恒的决定。

接下来的日子里，李恒逐渐找回了状态。他开始在班级担任班委，在和同学的交流相处中，变得活泼开朗起来。持续沟通中，何老师发现李恒对物理、化学等学科比较擅长，有着浓厚的科研兴趣。他会与通识课老师深入交流、探讨一些理论性的学术问题，也会和学长协作，一起研究3D打印。大学中有趣的事逐渐映入李恒的眼帘，原本低调、沉闷、倍感压力的生活逐渐丰富多彩起来。经过何老师、同学、家人的共同呵护，李恒的状态大为改观，令人欣慰。

经历过开学初的适应性障碍，李恒领悟到坚持和战胜的意义。他懂得了"世上无难事，只怕有心人"。无论什么时候，都不能轻易乱了阵脚。要学会倾诉、学会疏导、学会自我调整。在困难面前，善于寻求帮助，尽力搜索有利于自身的积极信号。现在，李恒积极参加各项活动，拥有了自己的兴趣圈和社交圈，逐步改善了与家人的关系。他开始变得懂事，有礼貌，且努力规划着自己未来的生活。

在之后的日子里，何老师和李恒依旧保持联系，也会偶尔分享彼此对某件事的看法。作为学生，李恒关注学业、喜欢设定计划，也给予了自己新的目标和期许。作为辅导员，何老师关注学生的状态，适时建议，对李恒做了很多引导。现在，一切都在向好的方向发展。

当代大学生兼具单纯和复杂的双重属性，他们的原生家庭、个性特征、生活经历、感情关系等都构建出不同于以往的青年特征。对于"00 后"大学生而言，老师的引导和疏导难度正在加大。辅导员要通过各种途径获取足够的信息，以靠近他们的内心。李恒同学的案例时间跨度长，问题相对复杂，从刚开始的困难重重，到一度受挫，再到柳暗花明。何老师的理念是用心就会有改变，就会有收获。

## 🔍 问题分析

在对李恒同学的个人经历进行分析后，可以发现他存在身体和心理两个方面的问题。

### 1. 身体问题

李恒同学身体瘦弱，胃口较差，每日摄取的食物量不足，无法进行剧烈的体育运动，过度锻炼后，会出现眩晕甚至昏迷的状态。因饮食不规律，缺乏锻炼，李恒同学身体条件较差。

### 2. 心理问题

李恒同学自尊心强，对自身拥有很高的期待，无法接受落后的自己。在面对问题时，李恒容易陷入苦恼且疲于应对。李恒同学在心理上有些许极端倾向，在自我否定增强时，会倾向于逃避问题（譬如直接退学）。此外，李恒同学性格相对内敛，与同学沟通交流较少，主要社交场所集中于寝室，在学习和生活上更热衷于独来独往，生活较为单调，缺少色彩。李恒在与他人相处中会出现些许不适或自卑情况。

在亲子关系方面，李恒同学自幼由奶奶抚养，与父母亲关系僵硬，平时相处一室，却鲜有交流。高中时，李恒同学与父亲发生冲突后，就一直对父亲有敌对情绪，平时很多想法都压抑在心里，不轻易向外界诉说。尤其是在奶奶过世后，李恒同学更为封闭，缺少家庭系统的支持，遇到问题时，只会向表姐倾诉，其他人很难介入。

## ⏰ 辅导员工作策略

### 1. 分析问题，及时处理

辅导员在学生遇到突发事件时，须沉着冷静，必须在最短的时间内，控制局面，厘清事情发生的缘由。李恒同学在体育课上突然晕倒，存在安全问题以及可能的生理疾病。辅导员第一时间送李恒去往医院，并及时与其父母联系，确保整个过程信息畅通，对李恒的身体状况实时掌握。检查结束后，依据诊断结果，对学生和家长提出建议。

### 2. 耐心引导，长期陪伴

学生问题的出现一般都存在较长的延续期。这段时间内，学生心情波动较大，心理状态经常起伏，需要辅导员长期陪伴和引导。李恒同学的问题由晕倒引出，之后却陆续出现了家庭问题、感情问题和社交问题。因此，辅导员对这类学生要长期关注，要在相处和逐渐信任中，走进学生的内心深处，让学生能敞开心扉。辅导员要真正把解决问题做到实处，对学生负责，让家长安心。

### 3. 抓住兴趣，树立信心

心理问题的出现，往往会极大地影响学生的正常生活，导致其在学业上失去信心，生活上丧失动力。李恒同学因为这件事，一度想要放弃学业。他失去在班级活动、社团工作中的乐趣。要帮助此类学生，就必须重塑其信心。在深入交流中，何老师了解到李恒同学对学习很上心，他设定了考研的目标，且对最新的3D打印技术、智能制造技术很感兴趣。因而，辅导员鼓励其与导师、任课教师多交流，逐步放大兴趣的感召力，让他在自己擅长的领域重拾信心，找到学习的乐趣。

### 4. 家校联合，重建关系

家校联合是解决学生问题的重要途径，也是帮助学生最为重要的主体。李恒同学起初与家长关系僵化，缺乏完善的社会支持系统。父子之间的矛盾，激发了他的叛逆性。因此，辅导员以此问题的解决为契机，全力促进李恒同学家庭关系的改善。通过父母无微不至地照顾和贴心安慰，李恒同学逐渐改变了对家长的态度。在此问题的解决中，李恒懂得父母不易，生活艰辛，能够更加努力地去拥抱大学生活，做一个懂事的孩子。

### 5. 做好总结，归纳经验

每个案例都有重要的参考价值，它既有特殊性，也具备普遍性。李恒同学入学时的适应性障碍、身体问题、家庭问题、社交问题等有一定的借鉴价值。辅导员要在处理问题的过程中总结经验，不断优化方法。辅导员需要对案例中的内容，进行归纳分析，形成可推广的学生工作经验。

## 心理咨询师建议

### 1. 实事求是的态度，温暖的抱持有助于缓解焦虑

该案例中学生的焦虑感一开始主要来自对自身疾病的不确定感，对未来的情况过分担忧。辅导员老师陪伴过程中的真诚、温暖、支持对学生应对这份焦虑感有很好的缓解作用，更关键的是辅导员老师对于学生可能患有的疾病不逃避、不粉饰太平的态度，给予学生很好的确定感，也促进学生放下不切实际的病耻感，以平常心接纳有可能面对的"疾病"。可见，面对焦虑的学生，辅导员温暖的支持、稳定的情绪、确定的态度、适度的引导都可以帮助学生部分缓解焦虑。

### 2. 良好的工作同盟有助于开启新的工作空间

"疾病"危机解除之后，该生因为适应问题而产生的新焦虑，又导致其产生退学的念头。此时，辅导员与该生前期建立的良好工作联盟开始发挥作用。学生在困惑时主

动向辅导员老师求助，说明了自身的新烦恼，使得辅导员有机会第一时间给予相应的引导和帮助。在充分信任的前提下，该生和辅导员谈及了自己的过往经历以及原生家庭的情况，辅导员老师得以更全面地了解该生，并通过探索学生的积极资源，激发学生自身的兴趣以及引导其重新认知家庭关系，带来更多的积极体验，从而使该生重获信心，回归正常生活。

### 3. 先跟后领的谈话策略有助于助人目标的达成

辅导员"先跟后领"的谈话策略和循序渐进的工作节奏不容易引起学生的不适感，在学生的内心还没准备好之前，不着急与他探索深层的内在关系和早年经历等敏感话题，而是跟着学生的节奏，积极应对各种现实问题，更多关注学生自身的积极资源，在不同的阶段提供适度的帮扶，激发学生内在的自我实现力量，达到助人自助的目标。

## 案例 8 ▶ 隐藏在失窃背后的强迫症

### 案例概述

11月的一天，辅导员沙老师接到某学院大三班主任王老师的电话，反映班里有六七个同学在过去一段时间内发生了多次财物失窃的情况，同学们有明确的怀疑对象，但不知道怎么处理。经初步了解，自9月份开学以来，一女生宿舍先后多次发生财物失窃现象，包括现金500余元，移动硬盘1只，充电宝2只等，寝室里的4个同学都表示有财物失窃的情况发生。另一宿舍2名女生也反映自己的钱包被偷。同学们私下里也开展了一些调查，但没有取得确切的证据，不知道该怎么处理，正在犹豫是否要报警，想先听听班主任的意见。

沙老师将这一情况向分管领导做了汇报，并与寝室的几名同学进行了单独会谈。会谈中，李同学表示明确怀疑室友张悦（张悦大二时转专业进入当前学院），理由是她了解到张悦在大一期间因与室友发生矛盾，搬到校外住宿，怀疑她当时就是因为拿了同学的东西被赶出宿舍。另一名朱同学表示室友们私下沟通后其实都在怀疑张悦。朱同学说，在寝室同学打电话给班主任之后，张悦单独找到她，说自己因为怀疑是朱同学拿了自己的充电宝（张悦向辅导员反映自己的充电宝也被偷了），出于报复，偷拿了朱同学的校园卡并在水果店消费了100元，但事后偿还了朱同学100元。朱同学表示张悦的说法没有逻辑，之所以这样说只是为了掩盖真相。差不多同一时间，同专业的一名男生陈同学主动找到辅导员，反映大一时，他的钱包丢失，到保卫处查阅监控时发现张悦在食堂使用过他的饭卡，保卫处找到张悦后，张悦说钱包是捡到的，她把饭卡拿来用，但把钱包扔掉了，并赔偿了陈同学损失200余元。另一宿舍丢失钱包的2名女生在事后回忆都表示钱包丢失前的一段时间都和张悦在一起听过课。因此，相关同学私下交流后，都一致怀疑张悦，但由于没有确切证据，希望辅导员能够通过这些材料询问张悦。

沙老师先找到了张悦转专业之前的辅导员，了解到张悦在大一时就发生过类似的纠纷，也多次安排她到学校心理中心咨询和相关医院治疗，但是由于引起了宿舍纠纷，张悦搬到校外住宿，由其母亲陪读了长达半年多的时间，之后就转专业了。在了解了较多的情况后，沙老师联系了张悦的母亲到校，并联合保卫处老师与她进行了会谈，其母亲承认从高中起女儿就因为心理问题，发生过拿同学东西、与同学发生纠纷的事情，大一期间张悦与同学发生纠纷并到专业医院治疗，治疗后感觉有好转，母亲就没有继续管她了。随后，沙老师找张悦单独会谈，张悦在沉默很久之后承认了自己曾经有过心理问题，也进行过治疗，并表示高中时因为嫉妒拿过同学东西，但都是扔进垃圾桶的，并不是自己拿来用。也承认了她的确未经朱同学的同意，私自刷了她的饭卡，但坚决否认最近拿了室友的现金、移动硬盘、充电宝等，表示自己经过治疗已经有了较大好转。

由于财物是在一段时间内丢失的，也缺乏直接证据，保卫处和派出所都表示很难开展进一步调查，事件一时陷入了僵局。在事件发生后，虽然没有其他直接的证据，但相关同学都"断定"是张悦拿了他们的东西，张悦的妈妈请求学校考虑到她曾有心理问题，不要追究她的责任。室友都害怕张悦会因为心理问题带来更多的麻烦，这次的纠纷已对他们造成人身伤害，因此要求调换宿舍。两周后，经宿管安排，张悦搬入了另一个宿舍，纠纷得以平息。

次年 2 月，沙老师接到保卫处的电话，张悦新宿舍的两位女生到保卫处反映，自张悦搬入后宿舍常有 5 元、10 元、100 元等现金丢失的情况发生，一开始她们以为是自己不小心弄丢了，但新学期到校第二天就失窃现金 600 元，觉得事情不正常，并表示张悦搬入宿舍前没有发生过失窃事件。沙老师再次约谈了张悦及其母亲，张悦坚决否认此事与自己有关，张悦的母亲表示她与张悦沟通时，张悦也坚决否认此事件与自己有关，同时，张悦的母亲表示愿意配合学校工作。

沙老师此后多次找张悦谈心谈话，告诉她心理问题是可以治疗的，有心理问题并不可怕，可怕的是讳疾忌医，在众多能相互印证的事实和辅导员诚心的说服之下，张悦的态度终于有所松动，开始慢慢与辅导员分享自己的经历。张悦讲道，自己有一个姐姐，她出生后，父母想继续生一个男孩，就把她寄养在姑姑家中。父母则外出务工并计划产子。直到张悦 8 岁那年，由于多种原因父母决定不再要孩子了，才把张悦接回自己家中，这对张悦有很大的影响，她觉得自己被人送来送去，像个毫无价值的货物。张悦一直以为父母"抛弃"自己的原因是自己是个女生，自己是个不受欢迎的人，如果自己是个男孩，就不会被父母抛弃了。因此，张悦的性格变得内向，非常要强，打扮也很男性化，从记事起就没留过长发。在成长过程中，张悦还发现自己对受别人欢迎的女生有一种莫名其妙且强烈的"厌恶感"和"憎恨感"，会通过偷偷破坏她们的物品等方式来发泄自己的情绪。渐渐地，张悦只要看到有人受到老师的肯定和同学们的欢迎，就会不由自主地把他们的小东西拿来扔掉，虽然自己也知道这样做不对，但实在无法控制自己，内心非常痛苦。高中时外婆去世对自己打击很大，许多问题就爆发了，到了大学后也没有好转，本来大一搬出学校单独住宿并吃药治疗后有所好转，但这次开学后认为自己已经好了，就停药了，没想到又复发了。

沙老师与张悦妈妈分析了寄养经历对张悦心理的影响，张母对此表示很不理解，说自己小时候也是由外婆带大的，并没有导致自己有心理疾病，为什么同样的事情到了女儿身上，就会导致心理疾病呢？沙老师尽量用通俗的语言跟张悦母亲解释了心理问题是非常个性化的，一样的经历不一定有一样的心理反应，并简要普及了自我认同、抑郁症、强迫症等心理知识，张悦母亲表示愿意配合学校一起做好女儿的工作。经过医院检查，张悦被诊断为强迫症、中度焦虑、中度抑郁，医生建议药物治疗，在与家长沟通后，建议张悦回家休养，两周后复查。两周后，张悦的焦虑、抑郁明显减轻，经与宿管办协商，张悦再次调换了宿舍，继续返校学习。

在明确了张悦的症结后，沙老师从药物治疗、心理辅导、家庭支持、朋辈支持等几个方面，对张悦开展了持续半年的工作。一方面，沙老师经常找张悦谈话谈心，及时给予心理疏导，鼓励其要相信科学，坚持药物治疗。虽然在此期间又发生了张悦私自拿宿舍值班阿姨财物的事件，但张悦的情况有了持续性的改观，也变得更加愿意与人沟通，多次主动找沙老师谈话。治疗期间，沙老师也鼓励张悦的爸爸妈妈经常在周末期间来校看望张悦，带她一起在学校周围游玩、散心，张悦和父母的关系也变得更加亲密了。另一方面，沙老师安排了若干学生骨干，平时主动与张悦联系，鼓励张悦参加了一个社团并成为骨干。经过半年多持续的治疗和帮扶，张悦整个人的精神面貌有了很大改变，对自己女生的身份也更加接纳，变得爱打扮自己，不再打扮得像个男孩子。大四期间，在沙老师的鼓励下，张悦顺利考上了研究生，经过跟踪关注，张悦读研期间表现一直很好，没有再发生之前的情况，目前张悦已经顺利参加了工作。

## 🔍 问题分析

张悦的案例，表面上看是财物失窃的问题，这属于治安问题，似乎和心理问题没有关系，但如果经过仔细、深入地鉴别和分析，就能发现当事人深层次的心理问题。

### 1. 是偷窃还是心理问题

虽然表面上看起来这是典型的偷窃问题，但仔细调查分析就会发现丢失的财物涉案金额都不大，学生寝室里也有笔记本、单反相机等金额较贵重的物品，但都没有丢失，因此，这不像是以占有金钱为目标的偷窃行为。通过对学生面谈以及周围同学的访谈，可以发现张悦主要还是存在心理问题。

### 2. 具体心理问题的分析

可以明显看出，小时候的寄养经历对张悦心理问题的形成有重要的影响，主要表现在两个方面：一是其自我认同度低，张悦由于小时候被寄养，自我认同度较低，不认可自己的性别，也觉得自己不够优秀，因而变得要强，性格孤僻，同时，也变得不珍惜自己的声誉，"纵容"自己的不良行为。二是张悦存在明显的强迫行为。经医院诊断，张悦存在明显的强迫症，这是张悦自我认同度低而导致的对"群众认同度高"的个体的憎恨和厌恶，产生强迫性的"报复"行为，从而演变成偷窃行为，但又因为明知这些行为不当甚至违法，但又不能自制，而深感痛苦。

### 3. 心理干预和管理问题

从整个过程可以发现，张悦的问题在高中时就发生了，但缺乏及时的干预，大一时也有发生，但没有持续地治疗。其实强迫症等心理疾病是可以治疗的，但必须在专业医生的指导下坚持长期的专业性治疗，包括药物治疗、心理咨询等，而不能擅自停止治疗，导致症状复发甚至加重。

## ⏱ 辅导员工作策略

### 1. 调查研究

学生的心理问题，有许多并不是以心理问题的面目出现的，这需要辅导员通过调查研究来甄别。如本案例表现出来的是财务失窃的问题，当事人一开始也有较大的抗拒意识，配合度不高。辅导员通过多方的调查和访谈，让诸多事实摆在当事人面前，渐渐地降低了当事人抵抗的意志力，虽然当事人始终没有承认自己偷窃了室友的财物，但还是承认了偷刷同学饭卡的行为，为事件的解决创造了突破口。

### 2. 谈心谈话

辅导员的工作是以谈心谈话为起点的。在本案例中，辅导员一方面通过与周围同学的谈话，了解了相对充分的信息，对整个事件有了更加准确的把握。另一方面，通过与张悦持续性真诚的谈心谈话，让张悦感受到辅导员对她的关心，鼓励她在事情已经发生的情况下，不要逃避，勇敢地去面对，表示辅导员会提供必要的帮助，替她保守秘密。真诚而持续的谈心谈话降低了张悦的抗拒感，并最终取得了张悦的信任，此后辅导员再劝说她去心理咨询和专业治疗就变得更加顺理成章了。

### 3. 心理辅导

针对张悦因寄养经历而导致的自我认同度低的问题，主要运用"认知领悟疗法"开展心理辅导。辅导员通过历史条件、社会背景、父母苦衷、个人主观能动性、自我学习成长等多方面的辅导，引导学生坦然地面对自己的寄养经历，抛开过去，接纳自己，并开始追求全新的自我，开始尝试修复和改进与父母的关系。

### 4. 专业治疗

强迫症的治疗难度很高，不是单靠心理咨询就可以解决的。实际上，患有强迫症的人自己很清楚强迫行为是没有必要的，比如在本案例中，张悦是非常清楚偷刷同学饭卡的行为是违法的，但就是控制不住自己，因此单纯地从认知角度难以纠正其强迫行为，必须配合持续的专业治疗，比如药物治疗等，才能起到治疗的实际效果。事实证明，张悦的药物治疗效果是好的，虽然中间有反复，但坚持长期治疗，最终效果将明显而持久。

### 5. 法治教育

在专业治疗和心理辅导的同时，辅导员应加强对当事人的法律知识和法律意识教育，加强当事人对违法后果的认识，提高其不做违法行为的主观意识。在本案例中，辅导员对张悦讲："我们是掌握一些证据的，否认是没有用的，盗刷同学饭卡的事情是存在的，但并不是说我们要对你进行处分，而是说我们希望能够帮助你，希望你不要犯更大的错误，引起更严重的法律后果。"在法律惩罚的压力和辅导员真诚帮助的双重影响下，张悦慢慢敞开了心扉，迈出了解决问题的第一步。

### 6. 社会支持

本案例中，张悦在家庭里的角色是很模糊的，总是感觉自己不被认可，因此回归家庭，让她更多地感受到来自父母的支持至关重要。辅导员一方面通过知识普及等方式做了父母的工作，也让父母更加能体会到当事人的感受，通过多方面的家庭支持让当事人更多地回归家庭，感受到来自家人的关爱和支持。另一方面，辅导员组织学生骨干、同学等主动地关心当事人，引导当事人多参加社会活动，保持其较高的社会参与度，引导其积极融入社会和集体，增强自我认同感。

## 💡 心理咨询师建议

### 1. 识别学生异常或违法行为背后的心理问题

针对在校学生发生的盗窃、打人/伤人、跟踪等异常甚至是违法等行为表现，作为辅导员，一是从一般意义上去考虑如何处理事件，诸如联系与当事人熟悉的同学和室友了解情况，联系保卫处进行真相调查，找到当事人进行谈话，考虑如何处理当事人等。二是从深层次的心理分析角度来理解学生问题，诸如为何此时此刻此事会发生在这个学生身上？以往是否有类似事件发生？这个学生的家庭是怎样的？如何帮助这个学生？一个人异常心理和行为产生的背后总是有各种不为人知的苦衷，如果辅导员能够设身处地地站在当事人的角度了解他的成长历程，理解他的问题成因，就能更好地走近学生、帮助学生。当然，这一点如果辅导员觉得通过谈话解决有困难，也可以建议学生到学校心理咨询室进行咨询，定期和咨询师进行沟通，以更好地帮扶学生。

### 2. 针对行为或心理问题类型，采取不同的帮扶方式

针对故意的盗窃行为或伤人等事件，应根据事件严重程度给予批评、教育，情节特别恶劣的要依法追究责任。针对异常/违法行为背后的心理问题，要学会区分问题类型，是属于一般还是严重心理问题，或者是精神障碍的问题，借助学校心理中心心理咨询师的建议或专业医疗机构的诊断依据，再行安排相应的帮扶工作。如果是一般心理问题，建议辅导员进行心理辅导；如果是严重心理问题，建议寻求学校心理咨询师的咨询；如果是精神障碍层面的问题，建议就医诊断，并遵医嘱，在药物治疗的同时寻求心理治疗（必须在医疗机构进行）；如果心理医生告知在服药的同时，可以在学校寻求心理咨询，那么学校心理咨询师在评估后方可进行，同时辅导员老师可以和学生定期谈心谈话，进行心理辅导。

诸如本案例中的当事人诊断是强迫症，伴有中度焦虑和抑郁，医院建议服药治疗，配合心理咨询。本案例中的辅导员恰是学校兼职心理咨询师，鼓励学生坚持药物治疗和心理辅导，同时调动院系资源，安排学生骨干，给予社会支持，和父母定期谈话，让其关心学生，这一系列的帮扶措施无疑对学生症状的改善起到了重要的作用。因此，辅导员掌握心理助人的专业知识和技能对帮助学生有至关重要的影响。

### 3. 建立学生心理档案，实现学生信息的无缝对接

本案例中，学生问题已有"前科"，但前一任辅导员并没有将已经发生过的情况和相关材料向新的学院转移，也没有介绍情况，客观上对新的学院解决问题产生了阻碍，使其既不能预防事件的发生，也不能事后快速地判断，走了一些弯路。因此，建立学生心理档案、实现学生信息的无缝对接十分重要。心理档案涉及保密问题，并不能让所有的老师或学生知晓学生的心理秘密，因此建立心理档案时，要依据心理问题的性质及负责老师的权限设计不同的档案保密级别，以便于学生在转专业、休学、降级等学籍异动时或辅导员岗位变更时，相应负责的辅导员能够更好地了解学生的心理情况，更好地帮助学生健康成长。

### 4. 已确诊精神障碍学生的心理治疗必须持续跟进

辅导员发现了学生有心理问题只是第一步，带着专业敏感性推荐学生就医，并获取家人支持，针对已确诊精神障碍的学生，需要确保其稳定接受专业治疗。治疗的过程不能掉以轻心，治疗中断容易复发。本案例中的学生在大一时，已经确定为强迫症，虽然经治疗有所好转，但由于没有持续性跟进，后来病情复发，增加了学生本人的痛苦，也给其他人带来了不利影响。一般来说，确诊精神障碍的治疗需要听取专业医生的意见，当事人不能自行停止治疗，因而在遇到类似情况时，必须家校合作，持续跟进，才能保证当事人治疗的效果。

案例
9 ➤ **承生命之重，做好爱的补位者**
　　　　　　——一例自杀完成的案例反思录

## 案例概述

　　"我是为爱我的人活着的，不是为自己，但是我爱的人都没有了。"在说过这句话后的第二天，玉明乘坐电梯来到宿舍顶楼，决然地结束了孤寂的一生。刚考上大学的那一年，玉明因意外受伤未能按期入学。第二年，带着8000元钱离开家的时候，他放下狠话："不混出人样，不会再见你们。"接下去的三年多，玉明一直没有回家，在他心里，家已经不在了，家人已经都被他"抛弃"了。在这三年多的时间里，辅导员是他的老师，也是他的姐姐，更是他和家之间的纽带，在他身上倾注了时间、心血和爱。但他没有"混出人样"来，课程的难度超出了他的想象，获得助学金后购买的电脑带给他的不是帮助而是无限的诱惑。慢慢地，他的不及格科目越来越多，获得的学分达不到学校的要求。临近毕业，在面临"毕业后去哪里"的问题时，他陷入了绝望。玉明觉得自己无处可去、无家可归、一无所成，他做出了自己的选择。

　　不知道在玉明生命的最后一刻，他是否有想过，爱他的人，还在想念他。

### 1. 玉明是一个可怜的孩子

　　还不满两岁的时候，玉明就没有了妈妈。那个最疼爱他的人，在又一次与玉明的父亲争吵后，跳进了家门口的河中。玉明对妈妈是没有任何印象的，但是姥姥、舅舅总会告诉他，是父亲害死了最爱他的妈妈。玉明还没上小学的时候，继母就进家门了，第二年，弟弟出生了。不善言辞、没接受过教育的父亲动不动就打玉明，一挨打，玉明就离家出走，可总是受不住饥饿、寒冷，离家几天后又自己悄悄回去。在玉明心里，对父亲的感情，只有恨；对这个家，总有"人在屋檐下"的屈辱感。

### 2. 玉明是一个倔强的孩子

　　为了能摆脱这个"家"，玉明拼了命地学习。在北方那个高考大省里，玉明考出了前200名的好成绩，如愿被某重点大学录取，即将在离家1000公里以外的地方开始新生活。但很不幸，高三那个愉快的暑期，因为一次意外的交通事故被打断，他不得不申请保留入学资格，推迟一年入学。休学养伤期间，玉明的性情变得更加糟糕，与家中其他原有交往的亲戚关系也都闹僵了。第二年开学前，玉明接过父亲给的8000元钱，这刚好够他的学杂费和开学第一个月的生活费。握紧了手里的钱，玉明对眼前的家人说："不混出人样，不会再见你们。"而他确实也是说到做到，进入大学后，玉明仅在第一年接过几次继母的电话，就断绝了与家人的一切联系，寒暑期也都是独自在寝室里度过的。在他坠楼的前一天，舅舅曾应学校要求来校看望他，但他紧闭寝室门，拒绝相见。

### 3. 学校所做的努力

辅导员戴老师是个新任辅导员，刚接手玉明这个班级的时候，已是大一暑期了。立志"混出人样"的玉明第一年多门课程不及格，已经达到了学校的"黄牌"警告线。这时候的玉明，正在宿舍楼担任楼长助理。大一暑期的第二天，戴老师第一次见到了玉明，"见其衣服旧、气色差、身材消瘦；谈及学习，态度诚恳；谈及家庭，沉默回避"是戴老师对他的第一印象。大二开始，戴老师在学业上、心理上、经济上、情感上都给予了玉明无微不至的关心和关爱，戴老师把他安排在身边做勤工助学工作，每周谈心 1 次，每周电话联系多次，每两周与家长联系交流 1 次；学校心理咨询师为他做了多次的心理辅导；班主任、任课老师、寝室室友、同年级优秀干部、研究生学长等多人常为他提供帮助和监督，提供课程计划、督促上课，辅导作业、整理笔记等。那段时间，玉明的进步是看得见的，偶尔会有课程成绩达到良好以上。更重要的是，他对自己的状态有所反思，临近大二期末的时候，他还给戴老师写了一封长信，题为"玉明反思录"，共 3381 字，反省自己的不足。他还在接下去的两个月里，保持每周写一份总结，定期汇报给辅导员。这个学期结束的时候，他获得了 15 个学分，较之前有所进步。但他的学业动力不足，他自己在谈话中曾说过："我是不会为了自己而努力，而是要为自己所爱的或者亲人努力。但是现在我是真正的一个人，我把他们都抛弃了，所以，努力没有意义。"因此，虽然辅导员对玉明的监督、帮扶很多，但他自身排斥，沉迷于游戏世界，旁人很多时候都很无奈。

### 4. 玉明选择了放弃

大四第一个学期快结束的时候，玉明看到了自己的成绩单，又是一溜的"红灯"，玉明感到毕业遥遥无期。这已经是离家后的第四个新年了，自己不仅没有"混出人样"，还连续三次拿了学校的学业"黄牌"警告。想着即将拿到的"红牌"警告单，想着无处可去的未来，玉明的情绪又陷入了低谷。一直关心着玉明的室友察觉到了他的情绪变化，马上和戴老师联系。戴老师再次来到寝室，从考试聊到未来，从生活聊到过年。交流中，玉明又一次提到，"我爱的人已经都不在了……"戴老师很认真地告诉玉明："我想做那个你爱的人，请你为我好好活着……"玉明却难得地露出笑意，对戴老师说："姐姐你放心，我不会寻死的。"这时，戴老师却意识到，玉明的问题已经很严重了，严重到超出戴老师的控制范围了。

鉴于此，戴老师与玉明的继母联系，告诉家长玉明可能存在的风险，请家长速来学校。这次，玉明的家长引起了重视，第二天，玉明的父亲和舅舅来到学校。第三天，舅舅率先推开了玉明的寝室门，但只在里面待了 10 分钟不到，就被一脸愤怒的玉明给请了出来。在寝室楼下等候的父亲，犹豫了半天，还是没有勇气去面对自己的儿子。第四天，两位长辈悄悄地离开学校，返回了家乡。第五天，也是长假前的最后一个工作日，戴老师焦急地等待着玉明的儿时好友从外地赶来学校。这是戴老师辗转联系上的一个热心孩子，他答应帮忙一起开导玉明。快到晚饭的时间，戴老师先给玉明打了个电话，叮嘱他要去好好吃饭，又和玉明还在校的室友联系，嘱咐他要多和玉明聊天，看护好玉明，遇到问题及时向老师汇报。这时，从外地赶来的那个孩子也已经到了学校，戴老师和他在校门口见面，交换了信息后，他就往宿舍方向去了。但就在同一时间，玉明走出寝室，告知室友他的好朋友来了，其实他是按下了向上的电梯。

玉明欺骗了戴老师，欺骗了室友，他选择了去彼岸，去找他爱的人。玉明坠楼的时间，是在戴老师和他通电话的 45 分钟后，是在他儿时好友前往他寝室的路上，是在他大学室友去食堂用餐的空档，是在他的父亲、舅舅刚离开学校不到 30 小时之际。事故发生后，父亲、舅舅又匆匆赶回了学校。最伤心的是父亲，自责内疚不已。但最快接受事实的也是父亲。学校配合家属办理了玉明的后事，家属一行很快离开了学校。

## 🔍 问题分析

如果时间可以倒退，还有没有办法阻拦玉明迈出那一步？斯人已逝，时间不会倒退，现在回顾此人、此事，对悲剧发生的原因做以下分析。

### 1. 原生家庭不幸、家族矛盾激烈

玉明自小生活在闭塞、落后的农村，父亲与母亲的恩怨、父亲与外婆家亲戚的矛盾、继母与同父异母弟弟的尴尬相处，再加上小村子里的闲言碎语，都给玉明的心灵留下深深的烙印。

### 2. 亲人严重缺位、亲情严重匮乏

母亲去世时，玉明还尚在襁褓中，因此，他对母亲没有任何印象。继母虽没有坏心，但被生计所迫，且文化程度低，与玉明的交流少得可怜。父亲是个不会说话、性格粗暴、崇尚"棍棒底下出孝子"的人，而玉明自懂事起，就对父亲带着恨意和疏离感，父子间的互动向来都是以争吵和沉默为主调。弟弟比玉明小得多，两人相处少。家里其他亲戚，虽然不会和玉明闹大矛盾，但总会因为生活琐事，和玉明有些断断续续的摩擦。玉明自小就是很孤独的。

### 3. 自身性格执拗、孤僻自闭

孤单的玉明骨子里就是执拗的。从小学二年级开始每年一次的离家出走，是他执拗地想要脱离父亲的表现。每一次因为生活向父亲低头，在他心里都会留下"屈辱"的记忆。进入大学后，因为年龄比同学大，再加上本就孤僻的性格，玉明没有与任何同学深交，每天都是独来独往，上课、吃饭、打游戏，都是一个人。

#### 4. 自身目标缺失、动力缺乏

中学之前，玉明为了逃离那个家而拼命读书，也终于如愿。进入大学后，终于不用再与家人相处，玉明大大地松了一口气，也大大地放松了自己。大一，学校机房是他最常去的地方；大二开始，他与自己的手提电脑形影不离，这是他勤工助学赚来的。对着电脑，在游戏的世界里，在虚拟故事的世界里，他是自由的，是有成就感的。可是现实中，他对学习越来越不感兴趣，对未来越来越失去信心。玉明把自己逼入了绝境。

### 🕐 辅导员工作策略

玉明的离去，给辅导员造成了巨大的冲击，事情发生后，辅导员曾找过心理咨询师。现在重新回顾与玉明相识、相处的点滴，虽然不免痛心遗憾，但仍不能否认，辅导员在处理玉明的相关问题时，用足了心思，也用足了方法。

#### 1. 及时甄别个案

在第一次见到玉明的成绩单时，辅导员的职业敏感让她察觉到了不同寻常。仔细看了三遍成绩单，辅导员拨打了玉明的电话，一整个下午，电话都没有接通。事后知道，那天玉明在宿管办值班，没带手机。因为没打通玉明的电话，辅导员随即拨打了通讯录上母亲一栏的电话。从这通电话中，辅导员了解到了玉明的成长经历，也当即决定，把玉明列入重点关注名单，要家长立即来校面谈。虽然尚在暑期，学校仍用最快的时间，两天内，学院党委副书记和辅导员一起，和玉明、玉明继母以及玉明的同学做了详细的交流，并为玉明安排了合适的勤工助学岗位，制订了详细的暑期补习计划。因为工作习惯，从第一次联络开始的每一次交流、每一项工作，辅导员都按照时间、事项和相关措施做了详细的记录，这也为今后与玉明及家长的进一步交流做好了铺垫。

#### 2. 用心用情关怀

在与玉明交流的过程中，辅导员给予了充分的信任，也给足了耐心，慢慢得到了玉明的回应。大二开始，玉明给辅导员担任学生助理，并经常会和辅导员聊聊自己的读书感受，也会向辅导员坦白学习的压力和对未来的担心。大二、大三这两年，为了帮助他戒除"网瘾"，辅导员试过很多方法，找过心理咨询师，参加过团体辅导，也曾连续很长时间由辅导员保管他的电脑。有一个学期，他每天早上都会给辅导员发消息，告诉辅导员他今天的计划，晚上睡前再给辅导员发一条，告诉辅导员今天计划完成的情况。而辅导员会在收到消息后，和他分析完成任务的方法，给他鼓励，给他指导。在这一段时间里，玉明学习上顺利了很多，也自信了很多。他还经营了一个读书分享的QQ群，找到了一些志同道合的朋友。但一到长假，面对空荡荡的寝室，他又会陷入无限的孤独和空虚，又会重新投入虚拟世界中消耗时间。如此反复，玉明的学业起起伏伏，情绪也起起伏伏，经常让辅导员牵挂。

### 3. 有法有度帮扶

玉明在校学习生活的三年多，为了更好地帮助他，学校多方联动，学院教务、教学都为他做了专门的设计，专业教师、研究生助教、优秀学生干部、寝室同学都参与对他的帮扶工作中。同时，考虑到玉明与家里相处的情况，为更好地推进家庭对他的支撑，辅导员保持至少每两周与玉明母亲沟通，并对每次交流都做了详细的记录，必要环节做了录音。同时，在涉及玉明家长想要辅导员转交玉明生活费等经济相关的问题时，辅导员表明态度，不直接参与，而是把玉明在学校办的银行卡信息告知家长，由家长自己处理。在对待玉明时，辅导员用心用情，但也会在每次与他交流后做好相关记录，做到整个帮扶过程都有档可查。

### 4. 快速积极应对

玉明出事前，学校对他的状态做了严谨的分析判断，并与家长做了及时的沟通，辅导员向学校应急办做了专题汇报。玉明出事后，辅导员和学院党委副书记均在事发后半小时内赶到了现场，学校分管领导和相关部门也都快速地参与到事件的处理中。全校形成合力，学院内部通力合作，合理分工。学校对玉明所做的工作、付出的感情得到家属的充分肯定，较为妥当地做好了突发事件的应对。

### 5. 事后反思总结

虽然学校做了很多帮扶工作，但悲剧仍然发生了。反思整个事件，以后如果遇到类似案例仍有可以改进的空间，一方面要增强学生心理健康意识，判断多种应激条件下学生是否已患心理疾病。如果感觉学生已有异常心理与行为状况，要说服家长陪同孩子去医院进行诊断，并接受治疗。另一方面，发现学生心理与行为出现异常之后，一定要 24 小时派 2～3 人同时轮流看护好学生，以确保生命安全。本案例的难点就是家长来了，却不能和孩子进行有效沟通，导致矛盾激化，学生又向老师和室友隐瞒，最终选择了放弃生命。因此，如何有效建立学生的社会支持系统，成为心理危机学生的保护性因素，是非常重要的。

### 💡 心理咨询师建议

从本案例中可以看出，辅导员对学生可谓用情至深，学校也是多方联动，想尽一切办法来帮助学生，但最终仍然没有阻止悲剧的发生。从学生的家庭背景来看，悲剧的发生有其一定的必然性。但从专业咨询师的角度，针对类似案例，提出如下几点建议以供借鉴。

### 1. 强化谈话技巧，学生生命安全评估是首位

发现心理问题严重的学生，首先需要进行生命安全评估，如果辅导员自身无法进行学生危机评估，可说服学生接受学校心理中心老师的咨询，由专职心理咨询师进行危机评估谈话，后续听取心理咨询师的处理建议。本案例中的当事人曾提到"努力没

意义，我爱的人已不在了"，这是很明显的危机信号，而且辅导员也识别出了危机，所以让家长来校，并让室友看护。可当事人最终选择了欺骗辅导员，欺骗室友，放弃了自己的生命。这一点深刻地提醒辅导员：一旦发现疑似危机学生，务必确保24小时的安全无缝监护。

### 2. 增强专业敏感性，考虑学生是否已患心理障碍

发现心理问题严重的学生，要说服学生去学校心理中心接受心理辅导或咨询，或直接送医疗机构诊断。结合医疗机构建议，在排除精神障碍的情况下再做日常生活和学业帮扶。如果医院诊断学生患有精神障碍，需要遵医嘱（有时需要服药或住院治疗，需要请假或休学等），并立刻联系学生监护人，共同制定后续治疗和帮扶方案。本案例中，当事人的同学和老师均已发现其有心理问题，但并未让其去医院诊断是否已患心理障碍或精神疾病。或许当时辅导员对学生患有心理疾病的意识较为薄弱。这一点也提醒辅导员：对疑似精神障碍的学生一定要送医评估，并告知监护人，遵医嘱，由监护人来承担看护和照顾责任。

### 3. 重点关注学生，注意重大事件发生的时间节点

应激事件本身就会对个体的身心状态造成一定冲击，对已在关注名单中的重点学生，要密切关注重大生活事件或重要选择节点对个体可能带来的无法承担的冲击和影响，危机谈话随时进行，评估可能发生的不利事件带给个体的影响以及个体是否有足够的资源和能力去应对。如果发现学生个体自身应对能力弱，家庭支持系统差，人际关系淡漠，生活动力匮乏，有可能发生危机，应立刻联系学生监护人，做好24小时学生看护工作，必要时可强制送医。

### 4. 做好家长沟通工作，明确家长和学校各方责任

无论遇到什么样的家庭，遇到什么样的监护人，都不能让家长放弃孩子，如果家长选择放弃监护人的责任，则应依法告知家长，给予普法教育。《精神卫生法》第二十一条规定："发现家庭成员可能患有精神障碍的，应当帮助其及时就诊，照顾其生活，做好看护管理。"无论发生什么情况，家长都不能放弃孩子，把孩子丢给学校不管。家长监护孩子有困难的，可以和学校一起商议帮扶方案。本案例中的辅导员虽然一直保持着和当事人家长的沟通，但显然家庭对孩子的支持作用仍然是非常薄弱的。

### 5. 危机事件发生后，快速启动危机干预方案

在处理危机事件的过程中，除了正常处理程序外，要特别注意保护好用情至深、涉事较多的辅导员、其他老师或同学，因为创伤事件会给涉事较多的当事人带来无法想象的应激反应，必要时要给予专门的一对一心理辅导，或进行团体心理督导，以缓解相关老师和同学的心理压力。对于危机事件可能影响到的宿舍或班级同学，在学生自愿的基础上，应请专职心理咨询师给予哀伤辅导，以帮助学生快速恢复正常生活。

# 失去父爱迷失自我
## ——心理问题引发退学的案例

## 👤 案例概述

　　尹申，研二学生，他的生活在他人眼中简直糟糕极了，没有人明白他到底是怎么了。在辅导员这里，尹申的行踪经常是出没不定的。调查他的行踪也花费了辅导员很多时间，最终在各种努力下辅导员取得了他的信任，他开始吐露自己日常生活的状态。他说自己走到哪儿算哪儿，校园内的椅子、校外社会公园内的长椅、临时打工的饭店大堂、网吧、老乡的住处，他居无定所。即便回到宿舍，他也会在半夜离开宿舍，有时到第二天中午再回来，谁也不知道他去了哪里，他自己也说不清楚，只是说出去走走。一开始如果前一天晚上没有休息好，第二天下午尹申还会在宿舍睡觉。之后情况越来越严重，室友常常见不到他，进入研究生二年级下学期，他不在校的时间更多了，经常出现失联的情况，导师也找不到他。每次辅导员找不到他后就只能选择报警，他的状态也越来越低迷、颓废。

　　尹申最开始被辅导员关注是因为他的学业成绩。研一上半学期的学习以文化课、理论课为主，他的考试分数虽然不高但勉强都能完成学业。研一下半学期他的学习状态开始明显下滑，基本无心上课，也无法集中注意力听讲，课后作业完成质量差。在学习能力越来越下降的情况下，尹申进入需要持续专注的实验室科研阶段，对他来讲就十分艰难了。研二时，尹申要进入实验室开展科研项目，由于学习状态一直没有调整好，他进入实验室后没多久就出现各种科研工作的适应性问题，实验基本处于停滞状态。

　　也许你会问，出现这么多问题，他的导师和同学没有关心和帮助他吗？极度的心理脆弱状态令他变得很容易被刺激到而出现激烈的反应。他好像变得浑身长刺，不允许一丝温暖和关心靠近他，他的拒绝也引起别人的反感。与室友，尹申因为一些生活琐事就差点和室友打起来，有一次室友还到辅导员办公室抱怨尹申作息时间颠倒，反映他在宿舍里十分冷漠，排斥交流。与导师，他会想尽办法回避沟通。因为持续的学业倦怠，无法有基本的实验进展，人也不知道去了哪里，导师对其表现十分不满，也忍不住对其生气。研二上半学期导师多指责其不上心，了解了他的情况后也尝试沟通，但他一贯地回避沟通，显得十分冷漠，导师也深感爱莫能助。

　　尹申自然成了辅导员老师重点关注的学生。第一次辅导员找不到尹申时，学校报警后与他取得了联系，辅导员专门找他谈话，也请学校心理健康中心的兼职咨询师与其交流。他告诉咨询师，他家里最亲近的人主要是妈妈、一位哥哥和一位姐姐，但是因为哥哥和姐姐都结婚了，也不在老家，因此就偶尔和妈妈联系，但是他妈妈的话对他来说毫无意义。他心情不好的时候会和老乡聊聊，但是老乡也忙于工作，不能经常跟他聊天，他感觉非常孤单。那次谈话后他同意每周与咨询师面谈一次，第二次谈话结束后他自述对学业有信心，但坚持了三周后，开始出现请假或者无故不来的情况。咨询被迫中断。新学期开学初，辅导员找他谈话，他的状态经过寒假并未调整好。尹申内心有一种谁都靠不上的无助孤单感。当有质量的支持关系出现时，他在咨询师面前也变得开始有力量，但最终他还是输给了那些阴暗的能量，常常感觉到自身的积极信念也无法改变什么，对周围的帮助以及自己的状态失望，跌回到谷底，这也是咨询无法起效的原因之一。

尹申从一名行为正常的研究生变得如此一蹶不振，转折点在于他家庭的变故。研一第二个学期，他的父亲突然病故。从父亲离世对他造成的打击来看，父亲可能是他的精神支柱。他说父亲过世了就觉得天都塌了，整个人都崩溃了。很难想象他有多么难以承受父亲离世带给他的哀伤，他又是如何熬过了一个又一个孤独无助的夜晚。精神支柱的崩塌，从内到外把他给耗光了。也许他一直没有完全从哀伤中走出来，而尹申的家庭在父亲离世后陷入了失序的状况，他在家人那里得不到会好起来的感觉和信心。在研二快结束的时候，学校联系了他的家人，他的哥哥和姐姐来校，想与他进行沟通。但是当天他看到哥哥和姐姐反应强烈，他说他要出去一下，辅导员老师当时就猜到他可能要跑，所以紧跟在他后面，问他去干吗。然后他就跑，跑的时候辅导员老师一把抓住了他，紧紧地拽住他。他反应非常激烈，一会说要跳楼，一会说要跳河。辅导员看情况紧急拨打了120，但当时他的哥哥和姐姐都做不了任何决定，甚至要不要送医，他们说要问问已经情绪失控的弟弟，学校也很无奈。最后通过警方强行将他带到了医院，尹申被诊断为抑郁症。

校方在妥善协助其入院后，工作人员返校。傍晚，家人还是要求把尹申带回老家。考虑到该生的人身安全和家庭的经济状况，学校最后派车、安排工作人员一路护送其和家人返乡，未进行住院治疗。过完暑假，家人感到尹申的状态仍然不好，于是，在新学期开学给尹申办理了休学手续。休学期满后，尹申独自回学校办理了退学。他来办理退学的时候，辅导员们和他进行了最后一次面谈。一位老师帮他去交单子，一位跟他沟通，遗憾的是，与他沟通的老师还是感觉到他的状态不太好。

## 🔍 问题分析

从上述尹申同学的案例描述中可以看到，该生因为家庭发生重大变故，出现经常在外"游荡"、失联、学业困难、人际冲突、情绪低落等情况。

### 1. 是学业还是心理问题

最初，尹申是因为学业预警而引起辅导员老师关注的。当时尹申的表现是实验停滞不前。导师所带学生人数较少，每个学生的工作都很关键，但是尹申的工作效率远远赶不上导师实验室的工作进度。了解到他的这个学业问题后，辅导员找他谈了话。在谈话过程中，尹申的精神状态引起了辅导员的关注，辅导员发觉他谈话的时候言语迟缓，很多地方含糊不清，眼神暗淡，整个人很疲倦无力，职业敏感性令辅导员想到这个学生可能需要心理层面的关怀，于是报给学院心理辅导员。学院心理辅导员当即联系了学校的心理咨询师寻求专业帮助。

### 2. 具体心理问题的分析

尹申内心敏感、消沉，似乎很难信任他人，因此，他在言谈中对他人的帮助和好意显得回避而犹豫，而且变得易激惹。父亲的去世，对他造成非常大的打击，内在的精神支柱崩塌了，感到深切的孤独与悲伤，觉得没有人能帮到他，生活没有好起来的希望，似乎有个无底的黑洞和挥之不去的失落感萦绕着他。他感觉不到自己的生命力，常常自暴自弃，表现在以下几个方面：一是生活方面，他经常不回寝室，不知所终，在外面到处"留宿"，感觉"自己其实在哪儿已经无所谓了，自己这副皮囊去哪里都无所谓"。二是在学业方面，他已经无法有意识地规划自己的生活，开始是有计划完不成，逐渐地变为干脆躲着导师，躲着实验室里的集体活动。三是在人际方面，他知道室友不喜欢自己，自己也显得无所谓，干脆不回去少接触。四是在求助方面，尹申对于心理咨询一开始是接受的，对于第一次咨询的感觉也不错，答应了后续的咨询计划。他面对咨询师也讲了家里的实际情况，他内心的痛苦，也期待有所改变。但是当提起父亲时，他就控制不住自己的感情了，而且会有逃避的念头，经常有矛盾的心理状态。最终，他还是没能坚持咨询。

鉴于尹申抑郁情绪明显，社会功能已经明显受损，咨询师建议学校通知家属，同时去精神专科医院进行诊断与治疗。

### 3. 心理干预与管理问题

这个案例工作中的困难主要有两点：一是尹申对关系的信任感差且抵触他人的帮助，日常帮扶很难开展；二是家庭支持薄弱，尹申的哥哥和姐姐无法做出就医决定，家人的出现似乎更加激惹了尹申，并使其出现自伤、自杀等过激言辞。在这种情况下，可由公安机关强制将其送到精神病专科医院予以明确诊断，但可惜的是由于家属和学生本人的抵制，尹申最终没能入院接受正规的系统治疗，而是选择了休学回家。

### 辅导员工作策略

辅导员对尹申的工作策略主要体现在如下几个方面。

### 1. 积极关注，建立关系

入学之初，辅导员就找尹申谈过话，那时候他并不在重点关注的名单当中，但是他较为内向的性格也引起过辅导员的关注。研一下学期，尹申的学业情况引起了辅导员的注意，他的成绩出现了较大幅度的下滑，尹申被列入学业困难名单。入学之初，辅导员对尹申的关心让他对辅导员老师有了更多的信任和熟悉感，辅导员老师提出的建议都得到了尹申的积极回应。比如辅导员除了在网络上关注尹申的动态，同时也提议当面谈谈，尹申当即答应，在谈话中辅导员了解到了尹申学业下滑的诱发因素。辅导员老师主动提议心理咨询，尹申也接受了这个建议，并且在一开始积极求助。由此可见，新生入学之初辅导员主动接近学生，更有助于关系的建立，对于后续工作的开展会带来很多方便，所以辅导员在与学生初次接触中建立心理关系对辅导员的工作很重要。

### 2. 联系各方，搭建桥梁

尹申的社会支持网络是破碎的，他也无心经营关系，对导师采取回避的态度。导师对尹申的支持也是十分无力的，导师多次表达自己的无奈，无法找到更好的方式与其沟通。在这种情况下，辅导员应积极从中搭建导学关系的桥梁，倾听导师的困难，倾听学生的情况，积极为学生争取导师的支持。虽然导师在前期把注意力仍然放在抱怨学生影响实验进度上，但经过辅导员老师的工作，导师开始逐渐意识到学生的困难并不是意识或者品质的问题，开始考虑学生可能存在心理困难，同时密切关注学生。虽然导师在与学生的情感沟通方面能做的仍然有限，但是能够消除导师对学生的误解与偏见，在这方面辅导员已经做了很重要的沟通工作。室友也是很重要的人际支持，辅导员保持与其室友及时沟通，一方面对尹申的生活轨迹和习惯有所掌握，另一方面也会以团体辅导的方式倾听、关心室友，缓解室友对他的抱怨、不解和压力。

### 3. 分工合作，家校联动

在重点难点个案中，辅导员团队内部的分工合作非常重要。责任辅导员和心理辅导员两人需分工清晰、职责明确。在尹申的个案中，学院心理辅导员保持与学生的联系，做好谈心谈话工作，让学生感受到学院的关注和关心，保障学生安全，跟进学生动态。学院责任辅导员主要负责做学生家长的工作，在尹申的情况中，家长的沟通工作特别困难，需要较大的精力投入。在尹申眼里，母亲对他的帮助毫无意义，学校联系其母亲也听不到有力果断的回应，辅导员还需要理解其母亲的困难，协助其做决定，增强家庭关注学生的动机。母亲让哥哥和姐姐来帮助弟弟，但是哥哥和姐姐的关系并不好，很多事情上辅导员需要分别和两个人沟通一遍。见到尹申后，哥哥和姐姐似乎并不是尹申心中可以依靠的对象，反而引起了尹申强烈的回避反应，甚至扬言要自杀。尹申脆弱的家庭关系，增加了辅导员的工作难度和强度。

#### 4. 危机个案，保持警觉

在尹申的个案中，辅导员老师承担了较大的心理压力。在协助就医的过程中，尹申借口出去，想要逃离。辅导员老师第一时间察觉了尹申的心理动态，没有让其单独出去，而是保持询问。尹申要逃走时，辅导员老师一把抓住了他。尹申反应激烈想要自杀时，辅导员老师紧紧抓住了他，安抚他并且及时报警请求帮助。这每一步的警觉与迅速反应，表现出辅导员在一线工作心理困难个案中良好的职业素养。危机个案最大的困难就在于其处于不稳定的状态中，变动性大、安全性低，辅导员作为个案学校生活中的重要陪护者，需要投入极大的精力和心力。

### 💡 心理咨询师建议

从学校整体心理工作布局的角度以及个体心理工作的角度，尹申的案例对我们有如下的启发。

#### 1. 明确高校心理工作的框架

高校心理工作是在国家法律法规以及学校相关制度的框架下进行的。《精神卫生法》第二十三条规定："心理咨询人员不得从事心理治疗或者精神障碍的诊断、治疗。心理咨询人员发现接受咨询的人员可能患有精神障碍的，应当建议其到符合本法规定的医疗机构就诊。"高校心理辅导员与心理咨询师均无权对个案做出诊断，需要精神科医生在医院进行诊断，但高校心理工作人员需要具备基本的症状学和诊断学常识，这样才能对个案做出有效的工作评估，对于有诊断需要的个案，需要第一时间建议就诊，适合咨询的个案才能继续在学校的心理咨询机构进行咨询。尹申的辅导员和咨询师在前期花费了大量的精力帮扶他，他的症状从研一下开始，到研二结束才最终送医，这期间对其关注的重点逐渐从学业困难转向心理困难，并且一开始尝试在学校资源中提供帮助，对学校心理工作的局限性缺少明确的认知。

#### 2. 找准心理帮扶重点

在国家法律明确规定的大背景下，对突破保密原则的心理困难学生的心理帮扶工作重点应当落实在评估和转介上。学校心理工作框架应当在这方面有更为清晰明确的规定，这样可以帮助辅导员明确工作重点，减少工作消耗，同时对个案做出及时有效的反馈和帮扶。尹申案例中室友与导师抱怨的反应，反映出学校各层面对存在心理困难学生的意识不足，学业下滑、缺勤、人际缺陷都只是一些外在的行为表现，在正常的工作秩序中失序的个体，常常被抱怨而不是被理解。心理关怀是对学生内在世界的关注，如果在学生工作中内外同步考虑会事半功倍。学校整体的危机干预体系建立，也需要在全员层面推广法律和精神医学常识。在导师、辅导员、学生各层面普及心理健康知识和危机干预常识，让心理困难的意识得以普及，减少病耻感，强化危机干预的网络，增进学校的人文关怀，增强学校对心理困难个案的整体工作能力。

### 3. 准确识别个体心理状况

尹申在研一下学期经历了父亲的因故离世，处于居丧期。在评估中我们需考虑识别居丧期的抑郁反应与抑郁症。居丧是亲人去世这一生活事件带来的哀伤反应，属于适应障碍。一般程度较轻，虽然有焦虑、抑郁、内疚等情绪反应，但生活能够自理，工作和社交活动还能进行。在抑郁症状、持续时间和严重程度方面，对居丧抑郁反应者仍然需要考虑抑郁症的可能，抑郁症的发病原因复杂，两者其实无法完全区分，很有可能居丧引发了抑郁，也有可能只是诱发，这个案例中我们对尹申之前的抑郁史和内源性抑郁特征并不了解，无法做出具体的判断。但无论如何，在学校心理工作中，保持对抑郁反应者的重点关注都是有必要的，其中包括家中发生重大变故的学生。即便考虑居丧反应也需要至少两周内的观察性等候。尹申的症状主要表现为，情绪低落、人际回避、工作效率降低、工作效果不明显。尹申的症状持续时间长达 1 年，其社交和工作能力已经受到明显影响。在辅导员的实际工作中，尹申学业预警后或者了解到家中发生重大变故时，其心理行为反应就需要引起重点关注。如果当事人心理咨询评估后症状严重，或者两周内情况没有好转的迹象，就需要启动危机干预的工作体系进行转介了。

# 陪你去乌云之上
## ——一例抑郁症学生的干预工作

### 案例概述

小叶，女，艺术专业毕业班学生，来自华中某城市的三口之家，父亲、母亲均为工人。小叶自幼学习成绩一直比较优秀，顺利地考入了大学，所学专业是听取高考培训班老师的建议选择的。

2017年9月，一个阳光灿烂的金秋午后，小叶低着头走进辅导员办公室，正值报到注册，刚刚返校的同学互相热络地招呼着，人来人往，她一直安静地等在一边，直到同学陆陆续续都走完。辅导员感觉到小叶身上带着明显的"低气压"：低垂着头、躲避的目光，像是被一大团乌云压着。接下来的沟通过程中，辅导员了解到小叶因感觉自己状态不太好，暑假期间在老家看了精神科，确诊为抑郁症，目前服药治疗，定期复诊。来找辅导员主要是由于自己当前的顾虑：小叶目前合作毕业设计的三个同学之前在别的作业中合作得并不好，尤其是小王同学，当时小叶是组长，分工之后，小王同学没有按时完成工作量，拖了整体的进度，催促无果后小叶替他完成了工作，但由于时间不够，作业质量勉强合格。现在小叶又和小王同学分在一组完成难度和工作量都更大的毕业设计，小叶一方面担心同样的问题再次出现而影响自己毕业，另一方面，抗抑郁的药物让她比较嗜睡，影响了工作效率，小叶担心自己拖慢整组进度，与组员关系更紧张。谈话过程中，小叶的表述断断续续，似乎非常困难。根据这些信息，辅导员初步判断小叶的"困扰"是担心药物反应与团队合作问题会让自己毕不了业。在接下来的沟通中，辅导员一直传递着"理解"与"支持"的信息，帮助小叶把注意力聚焦在具体困难上。经过协商，辅导员和小叶达成了几点一致意见：一是遵医嘱定期复诊，按时服药；二是每次复诊后和辅导员沟通一下近况；三是小叶感觉学习跟不上进度，或者团队合作出现问题时，及时与辅导员联系。

小叶走后，辅导员将该生情况汇报给学校心理健康中心、学院书记及相关任课教师，请任课教师私底下积极关注小叶。同时将小叶纳入学校心理困难学生信息库，并将相关工作信息及时记录入库。此后，小叶每次复诊后都会告知辅导员近况，在此期间曾反映药物的副作用大，医生还要继续加药量，不想吃了，辅导员建议她：药物的适应有个过程，实在难受可以向医生提出来，看看能否换药，擅自减药量会影响治疗。10月中旬，小叶向辅导员反映自己对于要独立在全体师生面前讲解方案这件事感到有困难，辅导员鼓励她积极尝试，同时联系任课教师给予指导。10月底，小叶向辅导员反映同组的同学都排斥她，她觉得自己难以走进教室。辅导员随即召集了其他三位同学了解情况，大家反映小叶基本不去上课，交给她的任务不能及时完成，拖了整体的进度，同学对此很有意见。当得知小叶目前的状况是由于药物影响时（没有透露抑郁症相关信息），大家表示理解。此后辅导员关注到小叶依然难以跟上小组的进度，自身的压力也越来越大，向她提出休学调整的建议，小叶断然拒绝。12月初，小叶来到辅导员办公室，告知最近一次复诊时医生要求辅导员随诊，自述最近有自伤的行为（手背上有划痕，关键部位没有），在划的时候"好像心里放松了一点"。辅导员随即和小叶确定就诊日期，叮嘱小叶有需要随时联系，并联系了班级心理委员关注她在寝室的情况。

12月12日，辅导员陪小叶复诊，医生反映她有消极思维和自伤的行为，服药的效果不理想，副作用也很大。辅导员将小叶缺旷课、跟不上小组作业进度等在校情况反馈给主治医生，并咨询医生按照目前的情况继续学业会不会加大了压力？医生也认为继续学习不利于小叶的病情恢复，建议其休学调整一段时间。小叶听后很沉默。从诊室出来，走到医院大厅时，小叶停住了，辅导员拉了她一下，感觉她好像迈不动步，察觉到她情况有异，辅导员随即和她在大厅的椅子上坐了下来。

接下来小叶的情绪崩溃了，哭着述说了自己对小王同学的恨，觉得自己之前都替他完成了任务，现在自己因为药物作用影响效率，他就带着其他同学一起排挤自己，自己现在的困境都是小王造成的，有时候"真想拿把刀把他捅了算了"；述说了父母对于自己"休学"的难以接受；自己对于现实生活的无力感，感觉已经很努力地做了，但什么都做不好……在小叶一个多小时的述说中，大量的信息和情绪涌现出来，最主要的情绪有无助（觉得没有什么人能帮她了，父母不理解，医生和老师都建议她停止学习，同学排斥）、绝望（休学意味着无法挽回的失败）、恐惧（对于休学后回家的生活，复学后新的集体这些未知情况感到无法想象）。考虑到小叶在医院大厅这样一个公共环境中情绪爆发，是因为她的无助和无望达到了一个峰值。辅导员以理解和支持的态度让她感到自己的这些感受是有人明白的，有人和她站在一起来面对这些问题，慢慢地帮助小叶把情绪平复了下来。

回到学校后，辅导员第一时间将复诊的情况汇报给学院、联系任课教师，并让班级心理委员随时关注小叶的学习、生活情况，且及时联系了家长。当家长得知这些信息时，最初的反应是：小孩子就是闹些情绪，打个电话安慰一下就可以了，有必要来学校吗？经过沟通，家长同意来校。在家长来校之前，辅导员通过室友、微信、QQ等多渠道密切关注小叶的情况。

12月15日，小叶父母来校，学院书记、辅导员介绍了小叶学习以及医院随诊的一系列情况，考虑到目前的学习环境会进一步加大小叶的压力，建议休学治疗。父母在来校之前专门对抑郁症做了了解，与之前的认识有了较大的转变，愿意一起做小叶的思想工作，先回家调养。感觉到了父母对自己的理解，小叶的状态也有好转，同意休学。

2018年春节，辅导员的手机里接到一条小叶的祝福短信：老师，新年快乐！短短的六个字，看得辅导员心里暖暖的。

2018年3月，新学期开学，小叶来校看望同学，并看望了辅导员，辅导员随即了解了小叶复诊和服药的情况，得知她目前情况稳定，药物主要是起巩固作用。

2018年8月，小叶治疗情况良好，医生建议"恢复学业"。

2018年9月，小叶复学，辅导员向小叶介绍了校内心理咨询，鼓励她积极利用身边的支持资源，此后小叶在新的班级中适应良好并顺利毕业。

## 问题分析

### 1. 身心症状

（1）小叶的身上有着典型的抑郁症患者特有的表现：缺乏动力、睡眠问题、自责、效率降低、消极思维及自伤行为等。

（2）小叶有自救的动机和行为，主观上希望得到外界的理解与支持，因此会主动求医并将情况反馈给辅导员。

### 2. 社会因素

（1）小叶与同学的合作不顺利，感觉到被同学"排挤"成为她的一个现实压力源。

（2）父母虽然暑假就已经知道小叶患抑郁症，但对其认识不足，认为这是孩子在"闹脾气"，打个电话、买个礼物就好了，或者认为这是"矫情"，无法理解她内心所承受的压力，对于休学的态度是"没有必要，早点拿到学位学历证书最重要"，家庭的不理解也是小叶顾虑的一个因素，小叶能够获得的社会支持较少。

### 3. 自身因素

（1）小叶性格较内向，不太擅于表达自己，确诊抑郁症后，对感觉的表达更加困难。

（2）小叶对所学专业不喜欢，毕业后也不打算朝这个专业方向发展，但得过且过地拿一个及格分也不符合小叶对自己的要求，所以小叶一直在强迫自己做一件不喜欢的事情，感觉非常痛苦。

## 辅导员工作策略

### 1. 工作思路

首先，抑郁症有着自杀与自伤的风险，而且小叶已经出现了自伤的行为，因此保证学生的人身安全是工作的首要重点。其次，小叶心理状态的波动仅以辅导员一人之力难以做到有效的关注，因此需要积极争取校内外多方的支持。再次，"课程跟不上""与同学的合作不顺利"这些现实因素都是影响小叶状态的"压力源"，需要密切关注和积极支持。最后，心理问题学生的干预工作涉及个人隐私，保护学生的同时也要注意保密工作。

## 2. 工作流程

根据以上工作思路，为了保证学生的人身安全，需要密切关注其学习、生活情况，因此辅导员建立了一个多方位的"关注体系"：将小叶的情况及时报告学校心理健康中心及二级学院领导，并将其纳入心理问题学生信息库；辅导员定期谈心，了解小叶的复诊、用药以及学业进展情况，帮助其解决现实问题；通过任课教师了解小叶的到课率与上课情况；通过班级心理委员和寝室心理信息员了解小叶的生活作息情况等。当小叶的压力升级（难以继续学业又不能接受休学），出现情绪崩溃时，第一时间向学校汇报，获得多方的支持。同时积极联系家长来校共同商量对策，家长未到校之前做好小叶的监护工作。

## 3. 谈话技巧

小叶在进入辅导员视野之初，就给人"沉重"的感觉，仿佛拖着很重的"包袱"，已经难以向前迈步了。求医、告知辅导员自己有抑郁症这些行为，都是她努力发出的寻求理解和帮助的信息，因此，辅导员一直以理解和接纳的态度去面对小叶，站在她的角度去思考、共情，让她感受到自己内心的感觉是被看到、被理解的，同时现实层面的具体问题也有人可以一起商量、共同解决。

抑郁症的治疗需要相当长的一段时间，及时复诊和规律用药都非常重要，辅导员与小叶的每一次谈心重点关注的就是复诊、用药、生活作息、情绪状态这些方面的信息。

## 4. 工作反思

（1）心理困难学生的干预工作中，有可能会出现突发情况，例如小叶在医院的情绪崩溃，此时只有辅导员一个人在场，难以很好地做到对学生的保护与监管。

（2）学生家长在最初往往会出现不理解或者不接受的情况，如何赢得家长的理解、为学生营造一个家校共建的支持环境，对于保护学生尤其关键。

这些工作的"难点"处理不当都会成为心理危机干预工作中的漏洞。

## 💡 心理咨询师建议

辅导员在面对抑郁症学生时，第一，需要建立一个良好的工作同盟。辅导员需要传递给学生理解和接纳的态度，站在他的角度思考，积极共情他的感受，让学生体会到自己的痛苦是被看到和被理解的，这样学生就比较容易与辅导员建立起情感的链接，拉近了与学生的距离后，辅导员后续的工作也就比较容易开展。

第二，发挥好自身的榜样作用。辅导员可以用自身乐观积极的人生态度给学生树立一个榜样，给予他一个不同的视角，体验不同的感受，在潜移默化中对学生产生积极的引导。

第三，日常有意识地保持多方位的评估。抑郁症的个体常常会出现缺乏动力、食欲、睡眠发生变化、自责、效率低、消极思维等情况，建议辅导员在关注学生时，有意识地了解其作息时间、睡眠质量、食欲、到课率、作业情况、人际关系、精神面貌等这些方面的信息，当这些方面出现较大变化时，可能说明学生的状态出现波动，需要引起重视。

第四，加强业务学习，接受专业培训。抑郁症患者有着自己的信息处理方式与行为模式，且具有一定的自伤、自杀风险。学习一些心理学相关的知识可以帮助辅导员更好地理解学生的行为，提高辅导员自杀评估的意识与能力，因此，辅导员接受心理学方面专业的培训与指导很重要。

第五，建立健全心理危机干预工作体系。辅导员工作在心理危机干预的第一线，自身往往承受着较大的压力，建立健全一个职责明确、边界清晰的心理危机干预工作体系，对于心理干预工作流程进行细化与规范，可以帮助辅导员明晰自己的工作职责，同时给予辅导员技术上的指导和情感上的支持。

案例
12
## 是谁偷走了我的爱情
### ——因失恋引发的心理危机

### 案例概述

　　刘颖与男友张枫相恋两年多后张枫提出分手，刘颖伤心欲绝，情绪一直处于低落的状态，还出现旷课的现象。班主任和辅导员得知情况后多次找其谈心，安抚其低落的情绪，也积极引导其建立正确的爱情观，同时希望其不要因为失恋影响学业。尽管在每一次交谈后刘颖的情绪都会有所缓解，但依然会出现情绪不稳定的状态，甚至在情绪激动的时候会一个人跑到校外。室友常常因担心而及时寻找，同时向老师报告。尽管每次都是虚惊一场，但出于工作要求和过往经验，辅导员一方面叮嘱室友加强关注，另一方面联系家长反映情况，希望家长给予孩子关心关注，家校共同跟进。

　　失恋后，刘颖多次努力要求复合未果，对张枫采取报复行动，在校园和男生老家居住地发放宣传单，揭露其"恶行"，因此激化了两人之间的矛盾。此后，刘颖发现张枫有了新女友，无法接受这一现实，经常痛哭，情绪多次失控，在痛恨张枫抛弃她的同时，指责父母对这段感情干涉太多，与父母的关系也陷入僵局，其睡眠质量严重下降，身体状况受到极大影响，甚至产生轻生的念头，并于某日留下书信离校出走。

　　室友发现书信后，第一时间报告辅导员，辅导员马上联系刘颖本人，发现其手机关机无法取得联系，随即联系家长告知情况，让家长第一时间来校。同时，辅导员及时向学院领导汇报。学院立即和校保卫处沟通，调取学校监控查看，发现刘颖于凌晨四点多出走，手上提着行李箱。学院立即组织人员到汽车站、火车站附近寻找并查询其购票情况，但没能找到刘颖也未发现其售票记录。万般紧急之下，学校向公安求助，希望通过手机定位系统寻找学生动向。最终经调查发现，失联期间刘颖的手机曾开过机，定位在某条火车轨道上，关机之后便无法了解动向了。学院领导立即提出针对该趟火车停靠的站点联系当地已经毕业的校友，通过照片帮忙在出口站寻找的方案。最终在某站点发现该生出站，委派的毕业校友说明身份和来意后，根据学院的要求将该生带上自驾车，陪护该生，等待学院派人交接。在接到毕业生的反馈后，学院于当天晚上将刘颖接回学校。此时，刘颖的母亲已经到达学校附近的宾馆等待女儿回来。

　　在之前与辅导员的交谈中，刘颖提及在失恋后母亲认为其所作所为很让她丢面子，曾多次对刘颖说："滚出去，不要再回家来！"刘颖的母亲还经常责骂刘颖，这一点在刘颖离校出走前留给室友的信和在与母亲冲突后离家前留给母亲的信中也有提及：

"……这 10 个月来，我活得实在太辛苦，我终于明白勉强活下来是错误的，这只会给大家带去更多的是非和灾难，张枫的背叛、父母的羞辱与责备、朋友老师的关心和保护、一切流言蜚语、指责和谩骂，都让我不知道我还能信任谁？……""……你不是总觉得我拆你台了吗？丢你脸了吗？等到没我这个人的时候就好了，我的罪孽我自己结束！……"考虑到刘颖与母亲的关系已经僵化，对母亲的到来，辅导员未事先告知。在见到母亲后，刘颖表现出极为抵触的情绪，并时时流露出对母亲曾反对其与张枫的恋情表示不满，认为母亲的介入是两人分手的主要原因，对母亲的教育和劝导也表现出极度反感和抵触，并表示还未放下也不可能放下这段感情，同时表示对未来的生活没有信心。

刘颖与母亲关系的僵化阻碍了教育引导工作的进一步开展。当晚，辅导员从调解母女误解和矛盾、改善刘颖身体健康状况，以及帮助刘颖树立起对未来信心等角度展开交流，帮助母女达成了一些约定，即以后涉及个人生命和健康的事情，母亲有知情权和过问权，涉及感情、学习、其他生活方面的，由刘颖本人做主，母亲不随意干涉。刘颖也承诺，以后会及时向母亲报告自己的身体状况，也不会再做出故意关机或出走的事情。同时，刘颖愿意努力放下这段感情，开启新的生活。辅导员建议刘颖暂时先脱离学校环境，和母亲一起回家调整一段时间，但由于和母亲之间的隔阂未能在短时间内消除，刘颖暂时不愿意回家。综合考虑各方因素，辅导员允许她继续在学校学习、生活。

而后，学院采取了一系列的跟进措施，如让室友继续做好关注和关心工作、班主任和辅导员与其交流谈心、校学生处安排其接受心理咨询、辅导员安排其到学工办帮忙等。表面上，刘颖的情绪慢慢平静，和老师交流的过程中也表现出缓解的趋势，偶尔还会露出轻松和开心的表情。但是从母亲的反馈中可以感受到事情的进展并不乐观。刘颖的母亲把刘颖发给她的短信转发给辅导员，内容主要是要求母亲请张枫出来劝她：

"这种话你有什么好说的啊，我现在什么情况你都不会说啊？身体、精神怎么样一点都不会说！你不用去说了，办这么件事你都不会办，等着我死好了，不要说了！"

"你要是不想好好为我说话你就不用去说了，等着给我收尸就可以了！我就是不想活了，我讨厌你们所有人，讨厌这个世界！"

"我就是不想活了，这次谁也留不住我了。张枫再也不会回到我身边了，今天我看见他和他女朋友了，我最后一点点意志也彻底瓦解了，我再也不想活下去了，我再也不想痛苦下去了。"

因情况较为紧急，当晚未经刘颖本人同意，辅导员与班主任一起将其母亲带到刘颖寝室看望她，并与其进行了深入交流，主要以化解刘颖与其母亲之间的误解、让刘颖跟母亲回家接受治疗为主要目标。在交谈的过程中，班主任以自己自幼丧父的亲身经历以及对儿子的爱，向刘颖诠释了父母养育孩子所投入的感情和精力，试图激发刘颖去理解父母对她的爱。交流过程中，刘颖尽管未正视自己的母亲，但是抵触情绪随着交谈的深入慢慢减缓。最后，班主任要求刘颖与母亲合影，起初她并不愿意，但母亲起身到其身边合影时，她未排斥或躲避。这一情境的出现，大大改善了原来僵持的氛围。

在回去的路上，班主任和辅导员又与刘颖母亲进行了交流，希望他们能改变与孩子的互动模式，调整教育引导的方式方法。母亲也坦言，从小对刘颖比较宠爱，只要是刘颖提出的要求都会尽量满足她，从而使她变得任性，缺乏抗挫能力。在孩子犯错时，也会打骂。但母亲承诺以后会尽量去改变。

之后几天，刘颖母亲一直在学校，母女一起坐在草坪上聊天，还一起逛了街。据母亲讲，刘颖把离校出走原有的打算告诉了她：本打算去一个新的地方尝试忘掉这段感情，如果忘不掉就结束自己。母女开始交心了，但刘颖还是执意要和张枫见面。当确定无法与张枫见面时，刘颖提出了退学的要求，经班主任和辅导员耐心劝说，其终于放弃了退学的念头，着手认真准备论文开题的第二次答辩。

论文开题答辩通过后，刘颖的情绪得到了改善。母亲建议刘颖，如果还不想回家，那就去外地表姐家散散心，刘颖接受了母亲的建议。在班级同学的护送下，刘颖踏上了去外地表姐家散心的火车。经过一段时间的旅行和工作实习后，刘颖找到了如意的工作，最终顺利毕业，身体和情绪状态都恢复得较好。

## 🔍 问题分析

### 1. 多重因素叠加引发心理危机

失恋是刘颖产生心理问题的直接导火索，而失恋背后还隐藏着亲子关系等心理问题，失恋后缺乏家庭这一重要社会支持系统也是刘颖留书信出走的重要因素。通过走访室友、家长访谈等，可以发现刘颖的问题主要是情感受挫、家庭关系、人际关系等多重因素叠加引发的心理危机问题。

### 2. 爱与信任的缺乏是心理危机的深层原因

据刘颖室友反映，刘颖曾向他们提及父母关系不好，经常吵架。其实她还有一个心结：怀疑自己不是父母的亲生孩子。该想法源于刘颖初中时生物课上血型知识的学习，她发现自己的血型和父母的血型不匹配，尽管父母和她进行了交流，并向她保证她就是父母的亲生孩子，但她依然心存怀疑。这段经历，让刘颖对父母的信任感下降，存在认知歪曲，认为自己是不被爱的，没有人是可信的。刘颖也曾向室友表示，之所以放不下张枫，是因为在这两年多的恋爱时光里张枫让她有亲人的感觉，没有了张枫，她不知道还能依靠谁。

### 3. 父母的理解和支持是事件出现转机的关键

刘颖认为父母不支持她与张枫的恋情是导致他们感情破裂的主要原因，因此对父母心存怨恨。据了解，刘颖父母认为刘颖和张枫的老家不在同一个城市，毕业以后不会有结果，因而不同意他们在一起交往。张枫提出分手后，刘颖心情低落，回家后不但没能得到家人的安慰，还被母亲责骂。家庭没能成为刘颖感情受挫后疗伤的港湾，母亲的不理解和责备让她更加痛苦，甚至迷失了方向，让她更加坚信自己是不被爱的。

在整个家庭互动中，可以看到，母女间的不理解、不信任一直是存在的，如果刘颖的父母能在刘颖的成长过程中以更加民主平等的方式与孩子进行沟通交流，能够在孩子人生之路上给予更多自主权，能够在孩子遇到挫折的时候给予积极引导和支持，能够在孩子伤心失落的时候为她提供温暖的理解，也许这一切就不会发生了。幸好，留书信出走事件发生后，刘颖的父母开始反思，愿意尝试去改变，亲子关系也得以逐步改善。

### ⏱ 辅导员工作策略

从刘颖失恋到留书信出走直至顺利毕业，前后持续将近一年多的时间。辅导员主要采用了以下一些策略。

#### 1. 调查研究

很多时候，心理问题并不会以简单的心理表现出现，需要辅导员通过调查研究的方式来甄别。从得知刘颖因失恋出现情绪失落、旷课、情绪较为激动的状态到一个人跑到湖边，辅导员都第一时间从刘颖的室友处了解到可靠信息，并从刘颖的父母处探索刘颖的家庭互动模式、亲子关系。这些信息的获取为危机的化解提供了有效的支持。

#### 2. 谈心谈话

谈心谈话是辅导员必备的心理助人技能之一。本案例中，辅导员和班主任第一时间介入，通过走访寝室，多次找刘颖谈心谈话，缓解其低落情绪，并通过身边的例子让其尽快放下这段感情，重新找回自信，引导其树立正确的爱情观。老师们的关心关怀让刘颖感受到了温暖，这和其留下的书信中的文字呈现出鲜明对比："……这 10 个月来，我活得实在太辛苦，我终于明白勉强活下来是错误的，这只会给大家带去更多的是非和灾难，张枫的背叛、父母的羞辱与责备、朋友老师的关心和保护、一切流言蜚语、指责和谩骂，都让我不知道我还能信任谁？……"老师们前期的关心和保护所建立起的信任关系为后期接回出走后的刘颖、引导帮助刘颖等奠定了坚实的基础。

#### 3. 心理辅导

针对母女间的不理解和不信任，辅导员和班主任花费了大量的精力做亲子关系的修复，班主任用"自我暴露"等技术，以自己的亲身经历现身说法打动双方。令人欣慰的是，该生和父母都愿意去改善双方的关系，为事件的处理起到了决定性作用。

#### 4. 多方联动

危机事件的处理不是一个人或一个部门可以独立完成的，需要多方合作、多方联动。在这起危机事件处理中，监控和手机定位是及时了解学生踪迹的有效手段，借助多方力量，寻求公安的帮助，通过手机定位为寻找目标对象提升准确性、节约时间，就近请已毕业校友协助寻找，缩短了处理时间，提高了工作效率。

### 5. 社会支持

班主任和辅导员从专业学习和日常生活中开展工作。班主任作为专业老师应积极联系其授课老师和毕业论文指导老师，请老师们对该生加强指导；辅导员则安排其到学工办做勤工助学岗位，让其做些力所能及的事情，分散注意力，摆脱低落的情绪状态，同时获得稳定陪伴。在诸多有力的社会支持下，刘颖通过了第二次论文答辩和大学阶段最后两门课程的考试，顺利毕业。

## 💡 心理咨询师建议

### 1. 识别学生重大生活事件背后的心理问题

恋爱是大学生要面对的普遍议题，伴随而来的就是失恋。失恋属于重要关系的丧失，失恋后的应对方式、情绪反应等又因人而异。作为辅导员一般可以从两个方面去考虑：一是从一般意义上去考虑如何处理现实问题，如叮嘱学生骨干（刘颖的室友）对刘颖加强关注，第一时间加以陪伴、疏导、报告。辅导员和班主任找该生谈心谈话，给予关心陪伴，初步建立信任的师生关系。二是从深层次的心理分析角度来理解学生的问题。如，这样的事情发生在这个学生身上与其他学生身上有何不同？类似事件发生时，学生是如何应对的？学生背后的支持系统是否有效？如何帮助这个学生？如果在处理这些问题上辅导员感到无从下手，可以到学校的心理咨询中心寻求帮助，商量有针对性的帮扶方法。

### 2. 针对不同心理问题类型，采取不同的帮扶方式

针对刘颖失恋后的具体心理问题及行为进行评估，区分心理问题性质及严重程度。首先判断刘颖的问题是正常心理还是异常心理，如果是正常心理，再进一步明确是一般心理问题还是严重心理问题。辅导员不能明确鉴别时，建议学生到学校心理咨询中心进行评估。之后，根据评估结果采取不同的帮扶方式。班主任和辅导员协助刘颖与母亲之间解开心结，修复亲情关系，成为事件发展的重要转折点。辅导员和班主任积极联系相关老师，请老师们对该生加强学习指导，为事件解决奠定了现实基础。

### 3. 及时汇报、多方联动，迅速处置危机事件

针对失恋引发的一系列危机事件，需要团队合作，共同化解危机。在这起危机事件处理中，及时向领导汇报，争取更多的资源形成事件处置的合力，是辅导员避免盲目处理、少走弯路的重要环节。

### 4. 强化心理危机评估意识，完善案例研讨机制

案例中的刘颖留下书信出走，但庆幸的是她的自杀意念并不强烈，采取的行为也

并不决绝。如果该生留下遗书直接跳楼，那后续的一切将不复存在。当事人从失恋到后面的留信出走，其间已经表现出了一些不良信号：伤心欲绝，情绪一直处于低落的状态，出现旷课和厌学的情绪，甚至在情绪激动的时候会一个人跑到湖边。辅导员和班主任得知情况后多次找其谈心，安抚其情绪，引导其树立正确的爱情观，却并没有做进一步的危机评估，这反映了辅导员存在危机意识不够的问题。帮助刘颖走出这种困境，辅导员可以从以下几个方面着手：①强化辅导员心理危机评估意识，提升危机预判能力；②强化案例教学与模拟，将学生中常见的心理危机形成教学案例，让辅导员先进行分析与模拟处理，再由专业老师进行点评与示范，弥补这种"知"与"能"之间的鸿沟；③以案例研讨为基础，引导辅导员思考与之类似或相关的问题情境还有哪些，以达到举一反三的目的。

➤ **拨开层层迷雾，化解步步难处**
　　　　　　　——精神疾病学生的识别与处理

## 案例概述

　　林昕，女，性格乖巧，从小家境优越，父母健全，家中还有一个弟弟。受家庭影响，林昕从小信仰宗教，心里难受时喜欢求助教会的同伴。

　　上大学后，父母由于经营企业不力，欠下百万元的债务，每月需偿还银行贷款，同时负担两个孩子的学杂费，经济压力非常大。林昕一直对自己的要求很高，她的成绩优异，连续两学年获得奖学金。但要强的性格使得林昕一直隐瞒家庭的情况，直到大二学年快结束前，在与辅导员的谈话中，林昕哭泣着讲述了当前的家庭状况及自己不堪重负的感受。林昕坦言，家境变化后自己存在心理落差，原本打算出国交换学习的计划因家庭经济能力有限，只能申请国内交换。

　　辅导员开导林昕，她的父母年轻又有能力，家庭经济情况总能好转，过度焦虑不能帮到父母，反而会影响自己的学习和生活，得不偿失。在辅导员的鼓励下，林昕向学院申请了困难生认定。辅导员又关切地询问林昕，下学年获得的奖助学金能否及时缓解其经济上的压力。鉴于秋季奖助学金一般发放得较迟，暑假期间辅导员又与林昕多次联系，积极协助林昕申请学费缓缴及助学贷款。林昕十分感激辅导员的关心和帮助。

　　通过申请奖助学金缓解了经济压力，林昕本该轻松地开始大三生活。令人意外的是，林昕在开学后性格突变，包括班主任、任课老师、同班同学也都感觉到了她的变化：从原本温柔、少言的性格变得强势、多话，情绪易激动，状态很亢奋，还在某一专业课上因不认真听讲且对同学进行传教同任课老师发生了两次激烈的争吵。但有时她的情绪又很低落，另一任课老师告知辅导员，林昕在上课期间突然跑到教室外大哭。同班同学说："她以前讲话轻轻细细的，但她现在说话的声音特别响，在教室外面很远的地方都能听到她在里面讲话的声音。她还在课上与老师争吵，班里同学都觉得她变得有些奇怪。"

　　辅导员再次与林昕进行了谈话，了解她与专业老师争吵及突然大哭的原因。林昕解释，以前自己一直过得很压抑，交换学习结束后，课程落下了，绩点也变低了，有时难过到好像自己一无是处，自己的状态已经差到不能再差了，现在已经是"触底反弹"，什么都不在乎了。

辅导员耐心地安慰林昕：首先，摆正心态，因为评价体系的不同，交换学习虽然暂时让学分绩点下降了，但对个人综合素质提升、考研深造等大有益处，不要在意眼前的得失，"你是这样一颗耀眼的星星，不要害怕暂时的乌云"；其次，宗教信仰对你而言的确是心理的一种支持力量，学校也尊重你的宗教信仰，但是不能对同学传教，"在学校里你不是要为教义而辩论的信徒，你是学生，要尊重老师，尊重同学"；最后，要信赖家人和老师，任何时候都可以找家人和老师寻求帮助，"我们永远是你最坚强的后盾"。林昕细细体会这些话，同时在父母的教育下，事后找任课老师道了歉，并对辅导员说："老师，你放心，我真的没事，无论发生什么事情，我都会第一时间告诉你的。"

但是，令老师和家长欣慰的"认错"和"好转"只是平面现象，潜藏着的波涛暗涌或许终究要爆发。国庆假期结束返校后，林昕出现了严重失眠，每天只睡两个小时，或者彻夜不眠。并且这学期开始，林昕的三位室友均在外交换学习或实习，林昕在寝室里都是一个人住着，故而老师和同学都不知晓林昕的状态。林昕与母亲每日保持联系，母亲在得知这一情况后，直接以身体不适为由帮孩子向班主任请假一个月，带林昕回家治疗休养，但未告知老师实情（事后辅导员从专科医院的诊断材料中知晓，林昕入院时已失去自知力，甚至出现言语混乱）。一个月后，林昕主动联系辅导员，辅导员询问学生病情及恢复情况。林昕告知，医生开具的诊断证明为"癔症"，目前已经出院，准备下周回校。

一个星期后，林昕在母亲的陪同下返校，到学工办报到，递交写着"癔症"的诊断证明单。辅导员要求看一下林昕正在服用的药品处方单，默默记下药品名后，通过网络查询药品适用的病症，结果让人大吃一惊。这些药并不是用于治疗"癔症"的，而是治疗"精神分裂症"的药物！

随后，辅导员与学生及家长协商，要求其提供更为详细的医院诊断治疗材料或出院小结等，并保证不会将其放入学生档案，消除了学生及家长的顾虑。学生将医院诊断材料拍照发给辅导员。出院记录显示：该生入院诊断为"急性精神分裂症"，住院期间使用药物治疗、电击治疗等方式，至出院时病情欠稳定，出院后病情存在波动、情绪反复、伤人、自伤等风险，建议继续住院治疗，但家属予以拒绝，只好按自动出院处理。

了解情况后，辅导员立即将该生的情况向学院副书记汇报，同时将材料送校心理中心进一步评估。心理中心认为该生目前状态不稳定，不适宜留在学校，建议该生休学，回家继续治疗。在学院副书记和校心理中心的指导下，辅导员与林昕进行沟通，通过榜样引导、同伴鼓励等方式引导她正确看待心理问题，建议她休学回家治疗休养。林昕正好为最近学习状态不佳、记忆力下降、学习压力大而发愁，经过辅导员的耐心解释和劝导，林昕做出了休学回家继续治疗的决定。

随后，辅导员与家长联系，告知林昕返校后的状态和学校的建议，家长也赞同休学继续治疗。次日，学院副书记与该生母亲面谈，确认休学。辅导员亲自陪同林昕及家长办理休学手续。

学生回家后，辅导员通过QQ或电话定期联系林昕及其家长，鼓励学生积极治疗，遵医嘱服药。同时，鼓励学生学习心理学方面的知识，与之交流一些心理调适技巧，如积极适量地锻炼、养成良好的睡眠饮食习惯、光照疗法、放松训练等。林昕的状态终于趋于稳定，对未来生活充满希望。

## 🔍 问题分析

辅导员在与林昕的接触交流过程中，经历了林昕的问题一步步发展变化，日渐变得严重的历程。对林昕的问题的判断也不断发生着变化，就像拨开了一层又一层的迷雾。

### 1. 拨开第一层迷雾：林昕是严重心理问题吗

辅导员在开学初察觉到林昕的性格突变后，在心理排查工作中，将其列入心理重点关注对象。辅导员联系家长了解原因，确认该生是否在暑假经历特殊事件或受到意外伤害。其母亲反映，女儿在暑期并无异常，可能因家境变化，女儿迫切地想追求学习成绩优秀，多拿奖学金，造成心理压力过大。由此，辅导员知晓，家境的变化确实给学生造成了一定的心理压力，并与家长约定，"不将家庭的压力或者焦虑情绪转移给学生，合力开导学生，给予她关心关爱，以缓解其心理压力"。

### 2. 拨开第二层迷雾：林昕是双相情感障碍吗

在协助林昕解决学杂费等经济问题之后，辅导员又得知，林昕在某一课堂上同任课老师发生激烈的争吵，在另一课堂上林昕又突然跑到教室外崩溃大哭，林昕时而情绪高涨，时而情绪低落。辅导员立即将这一情况汇报给学院副书记，同时安排学生骨干，留意该生情绪状态、课堂出勤、夜宿寝室等情况。辅导员向学校心理中心汇报，心理中心预判该生可能患"双相情感障碍"，需格外关注，建议让家长带该生去专科医院诊治。

### 3. 拨开第三层迷雾：林昕是癔症还是精神分裂

林昕在回家治疗一个月后，返校报到时，告知辅导员医院诊断为"癔症"。但辅导员发现，林昕用于治疗的药品适用病症为"精神分裂"。在发现这样的矛盾后，辅导员诚恳地要求学生及家长提供翔实的材料。基于信任，林昕说服了家长，也如实地回答了辅导员的疑问。林昕坦言："出院时开'癔症'诊断证明只是作为病休证明，不想让其他人知晓自己的真实病情，医院里配的药确实都是治疗精神分裂症的药品。至于国庆假期后症状更加明显，是因为假期亲眼看到邻居酗酒意外死去受到了强烈刺激，故而连续失眠，夜里惊醒，状况越来越不好。因为担心学业落下太多，自己才在病情欠稳定时就坚持出院回校。"

🕐 **辅导员工作策略**

案例中的这位学生情况较为复杂，表现的问题也呈现不断变化的趋势，是一起长期的动态追踪个案。辅导员在本案例中的工作内容，既涉及家庭经济困难大学生的资助关爱工程，又涉及高校信教学生的管理和教育工作，还涉及学生在校外遭遇心理危机后的干预处理。在案例处理过程中，辅导员主要使用了以下相关策略。

### 1. 关心帮扶，解决学生实际困难

由于父母经营企业不利，林昕家里欠下巨额债务，家庭经济处于非常困难的状态，给林昕带来了很大的心理压力。但林昕性格要强，在困难生认定过程中一直隐瞒家庭的情况，没有申请困难生认定。直到大二学年快结束前，辅导员通过平时的观察和细心的谈话，林昕才哭泣着讲述了当前的家庭状况及自己不堪重负的感受。在辅导员的鼓励下，林昕向学院申请了困难生认定，获得学费缓缴和助学贷款，卸下了背负已久的沉重负担。

### 2. 关怀帮助，建立稳定的信任关系

与学生建立稳定的信任关系，是辅导员工作顺利开展的前提。在该案例中，如果没有信任关系的建立，无论哪一环节，学生都无法对辅导员敞开心扉说出实话，也不会提供病情诊断的翔实材料。在帮助林昕解决困难的基础上，辅导员多次与之交流，给予安慰和开导，积极协助她申请学费缓缴及助学贷款。对于辅导员的关心和帮助，林昕内心充满了感激，对辅导员也比较信任。

### 3. 尊重宗教信仰自由，但需区分教学活动与传教限制

尊重公民的宗教信仰自由是法律规定的公民权利。但与此同时，我国实行教育与宗教相分离的原则。所以，法律同样规定，任何组织和个人不得在学校进行宗教活动。因此，这些具体的法律法规及传教背后潜在的风险隐患是需要辅导员和学生沟通清楚的。辅导员要帮助学生明确宗教行为与校园生活的边界，保护好学生自身的安全。

### 4. 及时上报，获得领导和心理中心的有效指导

在了解到林昕最初的异常表现后，辅导员及时将情况向心理中心上报，听取心理中心专业老师的意见。心理中心预判该生疑似"双相情感障碍"，建议请家长带去专科医院诊治。正是因为有了心理中心的提前预判，辅导员才能保持一份敏感，在学生提供医院的"癔症"证明时多留一个心眼，记下医院开具的药物名称并在网上查询药物功能。同时，立即将该生情况汇报给学院副书记，并将材料送学校心理中心评估。心理中心评估认为该生目前状态不稳定，不适宜留在学校，建议该生休学，回家继续治疗。

### 5. 用心交流，引导学生正确看待心理问题

林昕在好友的陪伴下，主动找到辅导员，表示回校后感觉补课压力大，自己状态

不佳，记忆力下降，学习效率很低，手眼不协调，实在不知道该怎么办。辅导员借此机会，一是建议学生以身体健康为重，回家后遵医嘱继续治疗；二是以先前通过休学治疗后恢复得很好的学生为例，鼓励林昕摆正心态，积极看待心理问题，"就像感冒发烧一样，心理生病也是很正常的一件事"；三是鼓励学生将心理危机事件的情绪反应、对自己学习生活的影响讲出来，将情绪反应正常化引导，慢慢消除危机事件的影响；四是请林昕的好友一同陪伴鼓励林昕，给予她克服当前困难的力量。最终，林昕在辅导员和好友的鼓励下，做出了休学回家继续治疗的决定。

### 6. 家校沟通，形成家校合力

随后，辅导员与家长联系，告知林昕返校后的状态，家长也赞同其休学继续治疗。次日，学院副书记与该生母亲面谈，确认林昕休学。辅导员陪同林昕及家长办理休学手续，协助该生处理课程调整、保留床位等事宜。在学工办、教务办的积极帮助下，该生当天就办完了离校程序。

### 7. 持续关注，用爱鼓舞陪伴

学生回家后，辅导员通过QQ或电话定期联系学生及家长，鼓励学生积极治疗，遵医嘱服药。同时，辅导员也鼓励学生学习心理学方面的知识，学习一些常用的心理应对技巧，如积极适量的锻炼、养成良好的睡眠饮食习惯、光照疗法、放松训练等。

## 💡 心理咨询师建议

### 1. 辅导员应具备基本的精神疾病识别能力

案例当事人林昕最初表现出来的异常是大三开学后性格突变，从原本温柔、少言的性格变得强势、多话，情绪容易激动，状态很亢奋。在某一专业课上，同任课老师发生两次激烈争吵。但有时情绪又很低落，另一位任课老师反映，林昕在上课期间突然跑到教室外大哭。这些表现与双相情感障碍的临床表现比较接近。随着时间的推移，国庆节后，林昕出现严重失眠，每天只睡两个小时，或者彻夜不眠。到医院治疗时，林昕已失去自知力，甚至出现言语混乱，被诊断为急性精神分裂症。本案例后续能得到有效处理的前提是辅导员有较强的心理问题研判意识和能力，对于拿捏不准的情况及时寻求心理中心的指导。

### 2. 辅导员应鼓励学生在接受医学治疗待病情稳定后接受心理咨询

林昕的发病与家庭的变故和交换学习后成绩绩点明显下降有较为明显的联系，且未发现家族遗传史，因而林昕的精神疾病可能是由社会心理因素引发的急性精神疾病，这类疾病的治疗往往愈后效果较好。药物治疗的同时，心理咨询对于病情的康复和稳定显得尤为重要。因此，辅导员在与学生进行交流的过程中，有必要将这些情况进行说明，可以提高学生战胜疾病的信心和对未来的希望。

### 3. 辅导员应将心理助人与其他学生工作有效融合

在困难生认定过程中，有些学生由于性格好强而羞于申请，隐瞒家庭情况。这就需要辅导员在平时与学生的接触交流中仔细观察，全面了解情况，发现学生有困难迹象，及时跟学生耐心交流，要让学生相信资助过程非常规范，信息保护十分严密。资助工作不仅在于扶困，还在于扶心，要让学生相信受资助也是学生可享有的一项权益，让他们感受到党和政府的关怀，感受到学校和老师的关爱。

### 4. 辅导员应在平时工作中注重对学生积极心态的培养

同样的困境，积极的人看到的是逆境中的美景，消极的人却只能看到困境中的悲凉。积极的心理暗示，对大学生成长成才十分关键。辅导员要尤其关注学生在遭遇家庭变故、突发事件后的心理落差、人格倾向变化。注重培养学生积极乐观的心态，加强学生的心理韧性，引导学生辩证看待挫折，以平常心对待得失。

案例 14  大学生"套路贷"危机事件引发的自杀危机化解
——大学生自杀危机事件的处理

## 案例概述

2019年4月21日凌晨2点，辅导员收到已毕业的14级本科生胡风的微信电话，称其同年级的李明（当时申请了延毕，纳入15级就读）和其微信联系，在江边有轻生的念头，目前已经由警察送回寝室。胡风反映："李明此前向我和其他同学都借了1000元左右数额不等的钱，理由是妈妈癌症住院，爸爸有外遇，爸爸不给妈妈钱用于治疗，因此向同学求助。当晚，李明通过微信和我坦白说，她骗了同学们。为了稳定她的情绪，我没有问及具体借钱的原因。"

按照事件发生的顺序和学生情绪处理的关键阶段进行描述，事件的处理过程为：

（1）辅导员立即电话联系李明本人，确认其已回到寝室，目前暂时安全。

（2）辅导员联系校区保卫办和宿管中心楼长，严密防控，重点关心关注该同学的动向。

（3）辅导员立即与李明的父母联系，确认相关情况，并请父母立即动身赶往学校。该生母亲在电话中反馈："李明今早电话中向我们承认借了很多钱，具体钱用于哪里，以及数额多少，我们要到杭州和她当面了解情况。此前并没有收到她借钱的任何信息。"关于"妈妈癌症住院，爸爸有外遇"等说法，经过和李明妈妈的电话确认，情况不属实。该生父母于当天下午乘飞机赶到了学校。辅导员就当天上午在派出所和民警们沟通的相关情况向该生父母做了反馈，同时提醒父母，当前第一要务是安抚李明的情绪，请父母做孩子的坚强后盾。

（4）辅导员请寝室同学重点关注李明，如有情况，及时联系老师。

（5）辅导员立刻向学院分管领导汇报相关情况，并及时向学校维稳办、学工部、安保处汇报。学院分管领导向学院突发事件应急工作小组领导汇报后，学院启动了学院学生意外事故和群体性突发事件应急处置预案，并成立了有关该同学的突发事件应急处置工作小组，包括学院分管领导、辅导员、宿管和安保等人员。同时，辅导员向该生班主任反馈了相关情况，班主任于4月21日下午赶到学校和该生谈心谈话。当天下午，学院还举行了由学院领导、辅导员、班主任一同参加的工作碰头会。会议根据学院党委书记的指示，确立了当前工作思路和下一步工作举措。

（6）配合民警调查"套路贷"的相关情况。4月21日上午，李明在辅导员和校区保卫老师的陪同下来到派出所，初步就民间借贷情况向民警做了说明。据李明自述，"借贷起因是2017年下半年由于在校外租房复习考研，生活开销较大。2017—2018年，所借贷的平台数量维持在十多家。从2019年2月开始，由于2月底被骗了1万元左右，为了补上资金漏洞，借贷平台激增到九十多家"。截至2019年4月22日，李明梳理的清单显示，其通过各类APP平台借了44万元（实际到手金额为20多万元），通过亲朋好友等微信借款人借款15万多元（实际到手金额为9万多元）。

（7）鉴于李明和同学说"妈妈癌症住院，爸爸有外遇"等不实说法，在学校心理咨询师的建议下，辅导员、李明母亲陪同其到精神专科医院就诊。经医生诊断，李明有中度焦虑状态，并开具了药物用于缓解其焦虑状态。

## 🔍 问题分析

这是一起由"套路贷"引发的大学生心理危机事件。

### 1. 社会环境因素

"套路贷"是指不法分子以无抵押快速放贷为诱饵，以民间借贷为幌，诱骗或强迫他人陷入借贷圈套。通过精心设计的"套路"手段让借款人的债务在短时间内呈几何式倍增，继而通过暴力讨债、虚假诉讼等手段非法占有他人较大数额财产。该类"套路贷"主要利用大学生社会经验不足和不想让家人知道的特点，使用暴力、恐吓、威胁、要挟、侮辱、骚扰、"轰炸"通讯录、上门催收滋事等手段向大学生和其家人施压，达到非法索取巨额金钱的目的，对借款人及其家庭造成严重危害和恶劣影响。大学生因无法接受各种威胁性和恐吓性的语言而产生巨大精神压力，酿成的悲剧触目惊心。本案例中，李明因不堪"套路贷"不断的恐吓、威胁电话，同时无法还清越滚越大的几十万元债务"雪球"，拟采用自杀的方式结束生命。

### 2. 个性特点因素

（1）李明爱慕虚荣。"套路贷"的乱象频出，从主观上来说，与大学生的虚荣心强、自制力弱密不可分。部分大学生为了享受奢侈生活而在经济能力上无力支撑才做出了错误的选择。本案例中，李明父母经商，家境比较殷实，父母每月给的生活费也不少。据李明的同学反映，李明比较爱慕虚荣，喜欢高品质的生活，比如有时拎着高端护肤品和衣服回寝室，但和同学说是朋友相赠。实际上，为了维持生活中的高消费，李明借了"套路贷"，并试图通过自己不断做家教赚取费用补上借贷的窟窿。

（2）李明性格胆小，出了事不敢求助于学校、父母、警方等渠道。2019年3月19日，学院根据省教育厅办公室等五部门发布的《浙江省校园"套路贷"专项整治行动工作方案》，在学工部、研工部联合开展专项工作的统一部署下，开展了"套路贷情况班级自查",各班对参与校园网贷情况开展了一次深入排查,重点为"购物套路贷""校园套路贷""民间借贷""P2P 网络借贷"等不良校园贷。据李明回忆,"当时我看到了班级关于'套路贷'自查的通知,但是出于不想让学校知道这一情况的心理,还是没有上报"。3 月 24 日晚,各班汇总给学院的最终材料中,没有发现学生有借"套路贷"的情况。

### 3. 家庭因素

李明幼时由外婆带大,父母在外忙于生意经营,较少陪伴在身边,亲子关系较为疏离。这也是造成李明在遇到"套路贷"困境时,不善于和父母沟通解决,而采取自认为可以通过向同学借款、靠自己做家教等方法来填补债务漏洞。

## 🕐 辅导员工作策略

### 1. 确保人身安全,关注心理和情绪状态

(1)为了安抚和平复李明的情绪,请家长陪护李明,直到李明毕业离校。

(2)请学校心理中心老师研判,并给出建议。心理中心老师建议,先稳定学生情绪,建议和家长沟通,在目前事情还没有解决前,不要过于批评学生,以免学生有过激行为。学院将心理中心的意见反馈给家长。之后辅导员与该生母亲陪同李明到精神专科医院就诊。

(3)将李明列入重点关注名单,并在每月安全稳定排查情况中上报她的情况和进展。

### 2. 梳理清楚借贷情况,供民警做进一步研判和侦查

(1)李明梳理出一份各平台借款情况清单,供警方研判和侦查,并去派出所进一步提供线索和证据。

(2)学院咨询研究民间借贷、刑事犯罪等方向的专家,对案件给予法律援助。专家意见为,根据初步判断本案较大可能涉及"套路贷",如认定成"套路贷"则构成诈骗罪,属于现在扫黑除恶背景下重点打击的犯罪之一,派出所会将案件移交西湖分局刑侦大队,予以侦破。

### 3. 关注学业、毕业和就业问题

学院教学和思政线加强协同,共同研判分析问题。

(1)在学院分管教学的副院长指导下,学院教育教学中心出具了《关于 14 级本科生李明成绩修读情况的说明》,分析李明目前缺课情况和未修学分,学院进一步关注其剩余课程的修读和考试情况,并找优秀学生予以指导。

(2)当年 6 月,李明顺利毕业,并就业签约一家教育培训机构。

### 4. 后续对其他同学开展的工作

不法分子对在校大学生及刚步入社会的青年社会经验不足、防范意识薄弱等弱点

加以利用，致使不少大学生及社会青年成为"套路贷"的受害者。学校可从如下几方面重点开展工作：

（1）大力开展金融知识普及教育，强化金融知识宣传教育，切实提高学生金融安全防范意识。

（2）不断完善帮扶救助工作机制，切实保障家庭经济困难学生学费、住宿费和基本生活费等保障性需求，解决学生的临时性、紧急性资金需求。

（3）全面引导在校大学生树立科学、理性、健康的消费观。

（4）建立日常监测机制，密切关注学生异常消费行为，采取针对性措施予以纠正，努力做到早防范、早教育、早发现、早处置。

后续学院对其他同学的"校园贷""套路贷"情况进一步深入摸排，加强工作研判，同时加强宣传教育，提高老师和同学们对"校园贷""套路贷"的警惕性。特别注意以下几点：

（1）不做超出自身负担能力的消费或者承诺。

（2）避免急于求成心理，充分了解网络贷款也是合同经济行为，需要遵守法律规范，应事先了解贷款手续、合同条款及行为风险。

（3）不以超出道德底线的方式做交易（损害自身或家人隐私、名誉等权益）。

（4）签署合同之前，全面、充分了解所签署合同的文字内容、含义，避免只看权利，不看义务和责任。

（5）一旦遇紧急情况或权益受损害情况，应报警求助，或第一时间求助家人、老师、司法机关，以正规渠道解决问题。

### 心理咨询师建议

大学生自杀危机诱发因素形式多样，近年来因为"套路贷"而导致自杀危机的事件屡见报道。"套路贷"出现以来通过网络媒体迅速传播，大学生由于使用网络媒体频繁，接触"套路贷"的可能性较高，一方面是出于自身消费需求以及虚荣心的驱使，另一方面则因为涉世未深对于这一类骗局的不了解，大学生极易成为"套路贷"的受害者。陷入"套路贷"之后，还款、被暴力催债等现实压力易使得当事人出现消极的情绪和行为反应，极端时可能会导致自杀危机。

上文是一例较为成功的对因套路贷导致自杀危机的干预案例。首先，该辅导员通过联系当事人确保其人身安全，并和保卫办、宿管以及当事人宿舍同学紧密合作，对当事人进行重点关注和风险防范。其次，辅导员果断采用了心理危机应对工作机制，将具体情况上报院系领导并将事情经过和学生情况告知当事人父母。学院则启动了学生意外事故和群体性突发事件应急处置预案，并成立了有关该同学的突发事件应急处置工作小组。最后，辅导员陪同当事人以及家长至心理中心进行了心理评估并前往医院就诊，协助对学生的心理状况进行了干预。辅导员后续还陪同当事人以及家长至派出所进行了报警处理。最终在多方共同努力协作下，成功化解了一起自杀危机。

在整个事件的处理过程中，辅导员较好地考虑到了当事人的实际情况和心理状况，并充分调动可用资源进行了应对。在这一过程中，我们应从高校危机干预体系这一宏观层面进行思考，并分析辅导员个体在微观层面所能够做的相应工作。

在宏观层面，这起危机干预事件反映出该高校危机干预体系建设到位。"高校应该建立完备的学生自杀预防与危机干预策略，积极构建大学生心理危机预防体系"[①]，指的是：①高校应该建立一个能够制订、实施并监督心理健康教育和自杀危机干预的领导机构；②要有一个针对如何提高学生心理素质的长期工作计划；③要建立预防心理危机的五级防护体系，分别为一级学生自助，二级朋辈互助，三级学生工作人员重点关注，四级心理中心工作，五级家校、医院合作。这一宏观层面的设置直接指导了自杀危机发生时学校各级的应对措施：①积极建立自杀危机应急处置预案和快速反应队伍；②对自杀危机进行紧急处理；③开展危机后的心理干预工作。

案例中的辅导员在实施具体工作时，能够切实按照学校的危机干预工作流程，在干预中做到了及时、高效。这就要求辅导员对于学校或者院系的自杀危机干预工作体系非常熟悉，才不会忙中出错。辅导员在这一案例中也表现出对心理危机干预资源的熟悉，妥善地利用了保卫处、宿管、心理中心以及朋辈的支持资源，帮助当事人走出困境。但是该辅导员在工作中存在可以改进的地方：当事件发生时，辅导员主要聚焦于确保学生人身安全以及汇报领导启动危机干预工作的流程，在危机初步解除后，辅导员则主要关注学生的现实问题层面，采取了联系父母、陪同学生报警和前往心理中心咨询等对策。在整个过程中，辅导员可以在对当事人的直接工作尤其是情绪处理上做得更好。一般受困于心理危机的学生，往往存在非理性的认知和情绪反应，自杀和自伤则是这一类反应的行为结果。在上述工作的基础上，辅导员可以尝试做好陪伴、支持工作，这对于缓解学生的情绪往往有较好的效果。而在危机解除后，辅导员也需要加强对当事人的关注，而不仅仅是将问题抛给医院或者心理中心。在日常生活中，辅导员也可以为学生提供资源和帮助，比如勤工俭学，帮助学生缓解经济困难。总体上来说，辅导员除了机制、流程和制度等理性层面的工作，还需要关注感性层面的工作，比如对学生的情感支持和情绪疏导。

---

① 袁建勤，戈琴. 高校学生自杀危机干预及应急处置机制研究 [J]. 教育与职业，2006(23):102.

# 案例 15 → 心理特殊学生的学业困难问题处理
## ——针对学业困难学生的帮扶工作

### 案例概述

2020 年 11 月起，刚入学三个月的电子信息类专业的吴同出现了旷课情况。该生平时在学校没有朋友，性格孤僻，少与人交流，每天独来独往，晚上回到寝室后经常熬夜打游戏。

发现吴同出现旷课的情况后，辅导员立即联系本人谈心谈话，了解该生旷课具体情况和原因，告知该生学校课堂纪律相关规定和违纪违规处理办法，劝告该生遵守学校规定。谈话中，该生显得比较局促和沮丧，表现出对所学专业的迷茫，不清楚未来的发展方向，以及对大学课堂学习方式方法的不适应。辅导员安抚该生情绪，给予相关学业方法指导，并鼓励该生积极思考和规划未来。同时，辅导员联系班主任、班级助理、学习委员和寝室室友等，嘱咐他们共同积极关注该生在校情况，督促其认真上课学习。

第一学期结束时，该生考试成绩有四门挂科，平时看起来精神状态较差，常常头颈低垂，眉头紧锁，表现得沮丧和情绪低落。辅导员与其谈话时，吴同表示自己对目前学业上的不适应感到焦虑和无所适从，不知道应该怎样改善自己的状态，对打游戏的时间也难以控制。辅导员与其回顾和讨论中考、高考阶段是如何承受巨大压力全心投入学习的，帮助其探索积极资源。该生表示当时班级整体氛围较好，老师抓得很紧，自己的目标也很明确，非常清楚每天要做什么。但现在身边各种不同状态的同学都有，大家目标也不尽相同，老师也不会给予明确的指令和要求，更没有人告诉自己目标是什么，因此感到十分迷茫和困惑。同时，理工科的课程难度也非常大，前面的学习内容稍有不懂后面的内容就难以跟上。该生表示想在寒假期间努力学习和复习，尽快补上落下的课程通过补考。随后，辅导员将该生在校表现和学业警示情况告知家长，其父亲对此感到很意外和震惊，没有想到自己的孩子会是这种状态，并承诺寒假期间会积极督促其复习。

寒假期间，吴同反思了自己学业困难的主要原因：一方面，进入大学后目标缺失、动力缺乏；另一方面，高等数学、C 语言等课程难度大，老师上课内容枯燥难懂。吴同告诉辅导员，自己之前没有去上课其实是在寝室自己学习，但也很难跟上进度。第二学期会改变自己的状态，向其他同学请教，积极学习，努力通过各门科目的考试。

第二学期，辅导员继续加强对吴同的关注。2021 年 3 月，吴同再次出现旷课的情况，学院因此再次给予吴同通报批评处理。辅导员与其谈话，发现其情绪非常不稳定，存在明显的烦躁情绪。谈话中，吴同提出有两位室友晚上打游戏影响他休息，让他感到十分烦躁和愤怒，另一位室友与他交流很少，因此他与三位室友均相处不愉快，希望能搬出去自己住。但后经确认，室友均反映目前寝室内大家相处比较正常，只有吴同本人晚上依然打游戏睡得晚，与室友们交流很少。辅导员判断吴同目前存在学业困难的同时也存在人际交往不良。

为更好地帮助吴同，辅导员再次与其父亲联系沟通，了解吴同的家庭情况。吴同的父亲自其小学毕业起就常年在外地做生意，对其鲜有管教，但回家后会非常严厉地督查其学业进展情况。吴同主要由母亲照料，母亲文化程度较低，在小区做保洁工作，无法给他更多学业上的指导，只是关心照料其生活。吴同的父亲了解到吴同多门成绩挂科且补考未通过以及近期旷课的情况后，情绪激动，要求其马上退学，吴同本人也突然情绪激动起来，出现摔打东西的行为，并停止与父亲的交流，马上离开，同时也表示想要退学。辅导员立刻联系班级助理和班委，共同跟踪保护吴同的安全，同时继续与其家长保持沟通，安抚家长的情绪。辅导员在之后与其母亲的沟通中了解到母亲不希望他退学，愿意来校陪读，支持其在校外住宿继续学业。辅导员再次将吴同引导至谈心谈话室，提供水和舒适安静的环境，安抚稳定学生情绪。待吴同安静下来后，与其继续讨论学业和父母意见等相关问题，吴同仍感到烦躁，愤怒情绪无法自行排解，且感到自己确实已出现一段时间的厌学想法。辅导员建议吴同积极面对自己的状况，而且应首先考虑处理自己的心理问题，前往专业医疗机构进行评估诊断，但吴同对此非常抗拒和抵触。

经过长时间观察和几次谈话后，辅导员认为吴同除学业困难、发展目标不明确外，更主要可能存在其他心理问题，于是建议家长陪同吴同前往医院进行诊治。吴同最初仍然不愿意前往医院就诊，经过谈话劝说后，吴同在其母亲陪同下前往医院精神科诊断，诊断结果为焦虑情绪和躁狂症状，建议心理治疗。随后，其父手写情况说明申请校外住宿。辅导员将吴同在校学习、生活、就医、与家长沟通情况收集汇总，提交学院分管领导，同时保持对吴同的关注和与家长的联系沟通，对家长开展充分的宣教，建议家长结合心理科的诊断和建议，与学校共同给予学生支持和帮助。

此后，吴同与母亲一直租住在学校附近。校外住宿期间，吴同在学业上状态仍没有明显改善，不能主动寻求同学或老师的帮助，学科学习也依然存在困难，同时学习纪律方面存在旷课情况，第二学期也出现了未参加期末考试的情况。生活上，吴同主要由母亲照料，但与母亲依然沟通较少，母亲对其不断劝说无法起到实质性作用。吴同心理状况从其情绪和行为的表现来看，较之前在校状态没有明显变化。辅导员与吴同定期谈话，同时保持与家长的沟通，督促强调其应持续进行相关心理治疗。

## 🔍 问题分析

这是一起因学业困难引发的心理问题。案例中当事人的问题按时间发展先后可分为三个阶段，每个阶段皆表现出了个体因素、家庭因素、社会环境因素对其产生的影响。

### 1. 第一阶段

当事人在入学初期主要存在适应性问题，特别是存在学业规划不明导致学习动力缺失，对大学学习不适应的问题。

（1）个体因素：学生性格内向、不善表达，不善于与人交往，自我评价较低，自制力弱。经观察和访谈了解到，当事人独来独往，与同学交往甚少，缺少兴趣爱好，沉迷网络游戏。因此，该生在学业上遇到困难时很难向他人求助。

（2）家庭因素：家长文化水平不高，青少年时期陪伴和养育不足，亲子关系较为疏离，甚至存在冲突。平时与父母联系少，无法从家庭关系中获得帮助和支持。因此，该生对自己的情绪、想法均难以准确描述，也难以与老师进行积极沟通，缺乏交流意愿。

（3）社会环境因素：进入大学，生活方式、学习方法、人际关系等均发生巨变。面对发生巨变的生活秩序、课堂教学、学习方法和人际环境，该生显得无所适从，无法适应。

### 2. 第二阶段

当事人出现明显的学习困难。吴同在经过一定谈话和指导后，仍未能在学习上取得明显的进步，且出现多门学科挂科的情况。

（1）个体因素：当事人的问题聚焦在学业上的不适应和困境，感到受挫，低落无助。对自我的负面评价较多，认为自己能力不足，无法适应大学学习，感到自卑和绝望。

（2）家庭因素：父母之间、亲子之间关系均较为疏离，无法互相信任、理解和支持。在家庭关系中，母亲由于文化程度低，很难与当事人产生更多共鸣和理解；当事人与父亲相处时间少，父亲脾气暴躁，经常用攻击的方式解决问题，因此使其情绪进一步恶化，人际不良的问题也更加显现。

（3）社会环境因素：当事人很难建立良好的人际关系，学习的不适应使他更加远离同伴群体。由于在短时间内提升学习成绩和人际交往技能较为困难，该生陷入虚拟的游戏空间中，以减少社交，降低焦虑感。

### 3. 第三阶段

当事人出现明显的焦虑和躁狂等心理症状。第一学期学业警示且第二学期课程难度继续加大，该生学习上的挫败感反复出现，人际关系进一步恶化，出现明显心理症状。

（1）个体因素：当事人情绪积压无法找到有效的发泄途径，难以自行调整和找到有效资源帮助自己，进而出现厌学情绪，心理症状日益明显。学业压力和困难进一步突显，当事人未能找到合理的解决途径和方法，加之人际环境没有变化，导致其焦虑发作和躁狂症状的出现。

（2）家庭因素：家庭关系没有改善，无法获取家庭支持和资源。家长得知当事人在学业和学校生活中的困难后，没有表现出积极关心和支持帮助的态度，父亲情绪激动暴躁，母亲无力处理，因此导致学生心理状况进一步激化。

（3）社会环境因素：学校对学生学业的要求给学生带来较大压力，其他同学无法有意识地对其进行帮助，辅导员、老师对学生的关心已无法解决其心理问题。学生已出现明显的心理症状，需要接受专业医疗机构的诊断治疗。学生和家长对心理问题的认识不全面、不科学，不完全接受心理治疗，可能产生更糟糕的结果。

### 🕐 辅导员工作策略

#### 1. 建立完善的关注系统，确保及时了解反馈

通过对学生助理、班委、寝室联络员等同学的分工安排，建立对当事人的紧密关注系统，使当事人出现旷课、情绪不稳定等情况时能第一时间反馈给辅导员，保证信息的及时通畅，帮助辅导员第一时间做出反应和处理。在整个关注系统中，寝室联络员是第一联络人，班长、学习委员、心理委员等班委应作为核心联络人，辅导员统筹协调，让关注系统像严密的网络不留死角。

#### 2. 加强与家长的联系沟通，建立家校工作同盟

及时与家长进行联系沟通，全面了解当事人家庭关系、成长经历等相关背景，清楚完整地告知家长该生目前的学习、生活状态和当时的情绪、行为反应，并做好联系记录。在与家长沟通的过程中，辅导员应从学业问题和心理问题两方面说清楚学校的规定、政策，解释学生旷课、学业警示等方面的规章制度，同时充分告知学校心理中心对当事人的初步评估和进一步医疗诊治的建议，耐心做好相关宣教，使家长认识到及时就医的重要性和紧迫性，并明确要求家长陪同且需了解就诊情况。通过与家长的有效沟通，建立紧密的家校工作同盟，实现家校信息互通，共同协商处理意见。

#### 3. 做出准确的分析评估，对不同阶段的变化做出科学判断和应变

通过系统的谈心谈话和分析，对该生不同阶段的情绪、认知和行为表现进行评估，了解其当前问题，聚焦目标与其讨论，共同确定问题的处理思路和方法。未出现明显心理问题表征时，通过思想政治教育的方式，运用必要的技巧和方法，引导学生关注自我成长，共同分析存在的问题和可采取的应对方法。当学生出现明显的心理问题表征时，第一时间反馈、上报学校相关部门做好全面的应对准备，与家长联系沟通当前

情况，协商确定处理思路。加强对心理治疗的科普宣教，帮助学生和家长认识心理问题及其处理的重要性和必要性，即存在明显心理症状时应先处理心理问题再处理学业、生活等其他问题。

**4. 联系调动各方资源，守好安全稳定的底线**

通过将学生的特殊情况及时上报和阶段性跟进，积极联系和调动学校各方面资源，保障问题处理的顺畅和安全。在学生出现躁狂症状的情况下，如独自离开寝室，应联系各校区和岗亭的保卫处老师，起到定位和保护学生安全的作用，如学生出现人际冲突，需要联系宿管和驻楼辅导员等第一时间到现场处理，甚至备案宣传部门进行有效监控，避免出现网络舆情等。

**5. 求助心理专家的指导，科学有效做好后续帮扶**

将心理特殊学生情况向学校心理中心备案，与心理中心专家讨论该生当前表现和诊断结果，进一步明确对吴同问题的理解和判断，请教与家长联系过程中可能出现的问题和有效沟通方法，共同商定后续处理思路和方法，保障其科学性和专业性，使问题的处理更有效有力。

### 💡 心理咨询师建议

对于大一新生来说，进入大学，是一场面对生活、学习、人际的新旅行；每一个人都带着原生家庭的烙印、带着以往的人际和学习经验来面对大学生活的新挑战。调查研究发现，"00后"大学生具有不同于其他时代大学生的新特点：

（1）思维更加灵活前卫，喜欢追求潮流，具有创新和冒险精神。

（2）更加自信有活力。

（3）价值观取向更多元，重视"自己开心就好"，功利主义倾向明显。

（4）自我意识更强，对权威服从更弱，亲子冲突和人际冲突和矛盾更难调解。

（5）善于"人机"交流，但现实感较弱，脆弱性突出。

（6）在激烈的学业竞争状态下长大，更容易紧张和焦虑。[①]

作为辅导员，要善于了解并理解"00后"大学生的人格特征，有的放矢，对症下药。同时在发现学生问题需要邀请学生谈话时，要明确谈话的目标，抓住核心问题，善于在谈话目标不同时采用不同的谈话方式，了解且会使用"00后"语言系统。本案例中，辅导员既采用了教育管理谈话，也有心理助人谈话。在事件处理过程中，穿插家校互动、校院联动等事件的处理方式，将可能发生的一起"危机事件"成功地干预在前，防患于未然。辅导员在谈话过程中，能否熟练运用心理助人谈话的态度和技术等，直接影响与学生是否可以建立起良性的人际互动。辅导员发自内心温良的善意态

---

① 马川."00后"大学生心理健康水平的实证研究——基于近两万名2018级大一学生的数据分析 [J]. 思想理论教育，2019（3）：95-99.

度，真诚且不带批判的语言艺术，理性沉着又不失人文关怀的处理方式，将直接影响问题的顺利解决。

本案例中，辅导员敏锐地观察到吴同在认知、行为中的问题所在，也意识到家庭在学生心理问题解决中的重要影响力，积极主动地了解学生的家庭背景和家庭教育模式，多次与其父母联系，取得父母的信任、支持与配合，为家校合作顺利解决学生心理问题提供了一次很好的示范。通过心理助人谈话，辅导员跟吴同建立比较信任的关系，引导吴同积极寻找有力的资源，共同商量解决问题的办法。在家长、学生拒绝就医时，辅导员能够积极主动进行沟通、教育，促使吴同前往就医，化解了危机。

部分大一新生入校后缺乏方向性引导，独立性、适应性较弱，甚至越来越多的学生出现家庭关系疏远、人际关系能力较弱的问题，不少大学生在入学初表现出许多适应不良的问题，尤其在学业上缺乏目标、规划和自主学习能力。学校可从如下几方面重点开展工作：

（1）强化和完善大一新生入学教育和指导，提前给予充分的适应和准备时间，使学生对大学学习方式、人际环境等有充分的了解和心理准备。

（2）阶段性做好大学生心理健康教育和知识普及，包括学习适应、人际交往技能学习和训练等，通过第一、第二课堂给予全面引导。

（3）积极提供学生学业规划、就业规划、学习方法指导等方面课程外的辅导，给予方法指导。

（4）对心理特殊学生建立完整的关注网络，做到预防、引导、发现、处理都能及早进行，尤其结合心理专家指导，结合科学判断工作更有针对性。

（5）尽可能全面地收集学生家庭背景信息和家长联系方式等，以便第一时间与家长沟通学生在校情况和需求，更好地处理突发事件。

# 导学合作对话，化误解为和谐
## ——导学关系问题的处理

### 案例概述

2021年5月26日上午，陈文主动微信联系辅导员自述近段时间心情低落，想请假回家。辅导员不放心，立即邀请学生来学院谈心室面谈。

陈文自述家中有一位哥哥，因为小时候的一次生病导致失聪，现戴着助听器，也只能听到部分的声音。由于听力不便，哥哥文化程度不高，从事简单的劳动工作。前年哥哥结婚，去年小侄子出生，现哥哥一家与父母同住。由于哥哥、嫂子收入不高，妈妈因为要带小孩，没有外出工作，自己还在上学，家里主要经济负担都落在年迈的父亲身上。从父母角度考虑，自己应该要尽早工作，减轻家里的负担，但自己又想继续深造，在激烈的思想斗争后，陈文还是决定读研。

因为知道自己读研不易，陈文在2020年入学后，对自己提出了高要求，设定了各种目标，如入党、发表论文等。但因为兼职赚钱占用了大量时间、精力，陈文没法全身心投入学业中，对导师的任务有时只能完成而没法真正深入研究，每周一次的组会经常被导师批评其对学习不用心。陈文很想认真学习，但又想减轻家里的负担，长时间的精力透支，又看不到进步，陈文的情绪慢慢变得低落，怕家人担心，也不敢和家里人倾诉目前的困境。这个学期当导师知道陈文在外兼职后，更是在组会中严厉批评陈文"不务正业"，要求其立即停止兼职。陈文内心更加委屈，觉得导师总是看不到自己的努力，也不知道自己内心的纠结，还让自己在师兄师姐前丢了面子，对导师心生不满，对于导师的任务更是敷衍应付。这个学期开始做实验，陈文实验的数据一直都不理想，情绪经常低落，对学业也慢慢失去了兴趣。2021年4月，陈文开始出现自杀念头，并着手了解实验室里有哪些化学实验用品可致死等。这次请假陈文其实是想到外面散散心，感觉最近自杀念头变得越来越频繁，就想着也许出去走走，心情可能会好点。

在整个谈心谈话过程中，陈文一直哭泣，他一方面不知道如何调节自己的情绪，对现状感到无力；另一方面不知道如何面对导师，对学业感到无助，对未来感到迷茫。辅导员耐心倾听陈文的倾诉，对其当前的处境和压力给予了充分的理解，得到辅导员的理解后，陈文的情绪慢慢得以平缓；接着辅导员充分肯定了陈文面对家庭困难时懂事和负责的态度，让陈文看到自己身上的积极品质和力量，并详细介绍了学校给予家庭困难学生的资助政策，积极给陈文赋能和寻找资源。慢慢地，陈文的情绪变得明朗，对辅导员感激地说道："谢谢老师，我现在好多了，和你聊完，感觉自己确实也在努力，我现在担心我的学业问题，我的导师多次强调让我们专心科研，他很反对我们兼职，我觉得导师现在对我有成见，觉得我不听他的话，也不好好读书，现在我都不敢去找他。"辅导员听完后，详细了解了陈文与导师的沟通情况，得知导师目前并不了解陈文的家庭状况和经济压力，了解误解的根源所在，鉴于陈文目前不敢独自跟导师讲明一切，辅导员答应陈文约导师沟通其现状，化解误会。

由于陈文长时间情绪低落，且存在频繁的自杀念头，在谈心谈话后，辅导员动员陈文到校心理健康教育中心接受心理评估，并启动四级危机干预程序。心理中心评估后认为陈文目前存在较严重的抑郁情绪，需要进一步就医评估。经过积极沟通，陈文自愿前往医院就诊，被诊断为重度抑郁，进行药物治疗。与此同时，征得陈文同意后，辅导员将情况告知家长和导师，并化解了导学关系上的误会。

陈文遵医嘱规律服药，定期接受学校心理辅导，状态稳定，与导师误会解除后，陈文与导师的沟通更加积极，实验取得新的进展，虽然仍有经济压力，但对未来充满了信心。

## 🔍 问题分析

研究生的人际交往主要是导师小组内的人际为主，导学关系就成为其中最重要的人际关系，陈文既希望导师对自己有学术上的指导，也希望有生活中的关心，但忽略了沟通的互动性，忘记了自己的沟通模式有时候阻碍了导学之间的交流。如果自己与导师沟通不深入或者自己刻意隐瞒，导致导师无法获得更多的信息，在导学互动中，导师就没法考虑到学生的特殊性，更谈不上理解和帮助，因而无法有针对性地理解和指导，从而容易产生导学关系上的问题。陈文对导师又有畏惧心理，产生误解后，也不敢进一步找导师澄清，甚至会通过消极对待学业来反抗导师，导致误解越来越大，导学关系变得越来越困难。在学业上，研究生的学习更注重研究性学习，从被动的学术研究到主动的学术探索，需要学生本身主动积极地投入，这对学生的学习能力提出了更高的要求。研究生不仅要面对学习方式转变的适应压力，同时还要面对学术研究成果压力，需要迅速适应并尽快投入专业研究之中。此外，在经济上陈文家庭较贫困，这也进一步加重了其心理压力，从而心生不被导师理解和努力不被导师看见的埋怨，学术上遇到问题更不敢与老师交流，又缺乏支持系统，因而现实压力越来越大、越来越重，最终导致了抑郁情绪。

### 🕐 辅导员工作策略

#### 1. 严守生命底线，借助专业力量

鉴于陈文长时间情绪低落以及有自杀念头，辅导员虽然觉得本次谈心谈话让学生的情绪有所缓解，但依然坚持动员学生到校心理健康教育中心进行心理评估。在征得学生同意后，联系校心理健康教育中心老师立即进行评估，并将情况汇报给了学院分管书记。经过校心理健康教育中心评估，认为陈文存有较严重抑郁情绪，建议陈文尽快到专业医疗机构进行进一步评估。陈文同意去医院诊断，请求辅导员先不要告知父母。陈文在医院被诊断为重度抑郁，需要服用药物治疗。

#### 2. 告知突破保密缘由，发动系统力量

在辅导员告知陈文要将其情况告知父母时，陈文非常抗拒，认为父母也不能为自己做什么，还会让他们担心自己。陈文也非常抗拒将自己的情况告诉导师，认为导师不能理解自己，本来就对自己有意见，知晓自己得了抑郁症后，导师可能会说自己没用，这点压力都扛不住，说不定就放弃自己了。

在了解陈文的顾虑后，辅导员对学生表达理解的同时表示告知家长是作为老师的责任，并与学生讨论可以告知谁，告知哪些内容。从学业角度，让学生理解导师是他完成学业的重要资源，告知导师可以让他得到导师的理解和支持。最后，在征得学生同意的情况下，学院将陈文的情况告知了家长和导师。

#### 3. 促成导学沟通，拓展成长资源

陈文对导师的畏惧是内心最大的压力，导师得知陈文的情况后，大为惊讶，感觉陈文平时性格大大咧咧，但专业知识很扎实，认为他可以做得更好，所以组会里有时候会特意再推他一把，没想到反而给了他压力。不让他兼职是考虑到学生还是要以学业为重，认为他平时不把心思放学习上，本末倒置。导师每次问陈文家里的情况，陈文也不愿意说，所以不了解他存在经济压力。原来，陈文认为导师的故意针对是一份"你可以做得更好"的期待。导师在了解陈文的情况后，明确提出自己会负责陈文研究生期间的费用，并让陈文专心研究。同时，陈文就目前的研究困境与导师展开了深入的讨论，制定了新的研究方案。

### 💡 心理咨询师建议

导学关系是研究生重要的人际关系之一，导学关系不和谐，不仅会影响学生的学业表现，还会影响师生的心理健康。美国学者唐纳德·肯尼迪（Donald Kennedy）曾指出："导师与研究生之间的关系存在着一系列的风险与挑战……研究生成长的独立性与导师的各种需要之间存在许多危机关系，这种危机关系往往会导致问题和矛盾的出现。"有一些导学关系困难是缘于双方对彼此不合理的期待造成的人际关系边界不清，或者互动模式的不匹配、信息不对称所导致的误解。本案例中的导学关系困难就是信

息沟通不充分带来的误解，当误解被打开，"困难"也就迎刃而解。

### 1. 转变导学关系视角，从线性思维到系统思维

研究生导师丰富的专业知识、严谨的治学态度以及在学术上的造诣，使得导师更具有威望和权威性，这种权威性容易带来导学关系中关系边界的模糊，主要表现在学生容易依赖导师，不仅希望导师能够在学术上帮助自己，更期待导师在生活中能理解自己，过分强调了导学关系中的导师责任，使得学生对导学关系中的导师功能有着过高的期待和要求，这就导致导师在导学关系中占了主导位置，甚至是决定性地位。

在这种情况下，构建和谐的导学关系，需要转变关系的视角，从线性思维转变为系统思维。一味强调关系中某一个人的责任，认为是某个人造成了关系的困难，这是关系的线性思维，容易产生谁对谁错的结论，陷入僵化的关系中。实际上，人在关系中是相互影响的，且对关系的建立具有共同责任，关系的困难是双方的互动模式造成的，每个人都有责任，这就是关系的系统思维。系统思维有助于个体认识到关系的困难并不是谁的错，可以通过双方的互动模式调整进行改变，使关系变得更有弹性。

### 2. 开展导学关系对话，从对立到合作

很多导学关系困难是由于沟通不畅或者信息不对称引起的，因此，如何进行有效的导学之间的沟通对和谐导学关系的建立至关重要。在本案例中，导学之间通过开展合作对话，最终化解了误解。

合作对话是在后现代主义思潮影响下诞生的一种心理治疗方法，它建立在社会建构论、诠释学和叙事理论三大哲学理论之上。合作对话强调在好奇、谦逊、平等的态度下，创造开放式的对话空间，与对话者建立合作式关系和对话式谈话，从而塑造和重塑人际关系。因而在导学关系中开展合作对话，有助于沟通更加顺畅，关系变得更为平等。马喜亭教授研究导学关系时，曾指出："理想的互动模式是'导学'双方都能相互平等、充分尊重、心里舒服、愿意接受。双方都要保持对权威性与平等性的平衡，这既能维护导师的权威，又能给研究生一定的学术自由和个性发展空间；既能带给双方清晰的界限、规则，又能灵活、舒适、平等地交流交往。"[1] 合作对话有助于创造平等、开放的对话环境，从而创建理想的导学互动模式。因此开展导学关系对话，有助于将对话融入关系，让对话作为工具和能力陪伴、滋养师生的关系。

### 3. 共筑导学心理防线，从教导到育人

研究生导师通常钻研在自己研究领域的学术科研上，很少主动学习心理教育知识，也较少参加心理教育能力培训。有学者对研究生导师开展心理健康教育的情况开展调研，结果显示有 73.3% 的研究生导师认为开展心理健康教育所面临的困难是个人的时间和精力不足，大部分导师认为自身在心理专业知识储备、心理辅导谈话技能、心理

---

① 马喜亭，冯蓉. 基于积极心理学视角的和谐"导学关系"模式构建研究 [J]. 研究生教育研究，2018（1）：69.

问题识别能力和心理危机干预经验等方面存在不足。①

《教育部关于全面落实研究生导师立德树人职责的意见》指出，导师是研究生培养的第一责任人，要把立德树人作为研究生导师的首要职责。研究生导师作为研究生培养的第一责任人，对学生的成长具有独特的育人优势，起到决定性作用。高校应将导师放在研究生思政教育的重要环节。通过建立制度，强化导师作为研究生培养第一责任人的职责履行；协同多方力量，从不同角度关注学生的心理动态，充分发挥导师在研究生心理预警中的优势；在研究生导师中普及心理健康知识，增强研究生导师对心理健康教育工作的意识以及基本业务能力，优化研究生培养环境。

---

① 魏洪斌，赵寅开.研究生导师开展心理健康教育的探讨 [J]. 中国林业教育，2020,38（A1）：1-2.

# 团体案例篇

案例 17 至案例 21 为辅导员在不同学生群体中开展各类心理团体辅导的工作案例。这些心理团体辅导案例不仅主题各异（包括学业困扰主题、情绪调节主题、新生适应主题和人际成长主题等），而且形式多样（既有线下团体辅导，又有线上团体辅导，还区分了连续性心理团体辅导项目和一次性班级团体辅导活动）。此外，这些团体辅导案例除了面向学生群体的常规项目，还有针对学生家长群体开展的团体辅导项目。本篇的案例撰写统一以"案例概述""实施过程""效果评估"和"案例启示"这四重结构呈现，详尽地还原了各类团体辅导活动开展的全过程，并尽可能完整地给出团体辅导设计和策划方案，以及活动中使用的各类文本工具。此外，每个团体辅导案例都通过"效果评估"和"案例启示"两部分内容与读者探讨团体辅导活动对提升学生心理素质的有效性以及工作机理，有助于提升广大高校辅导员和参与学生工作的教师对团体辅导案例理解的专业深度。

案例
17 ▶ **让家长成为学生成长的助力**
    ——积极亲子关系之陪读家长团体辅导

## 案例概述

　　大学生"学习困难"的问题在我国高校越来越普遍，有研究表明，约40.0%的大学生存在程度不同、类型各异的学习困难，其中以成绩相对低下者居多。高校"学困生"，通常是指感官和智力水平正常，多种主客观因素引起其学习成绩下降，不能够按学校教学大纲规定完成学业，并因此可能影响毕业，甚至影响心理健康状态以及其正常发展的大学生。"学困生"群体常常出现注意力不集中、缺乏行动力、情绪低落以及意志薄弱等学习心理障碍，并伴随学习目的不明确、兴趣减退、动机不足、成绩退步等表现。由于自身、家庭、学校、社会等诸多原因，他们常常受到消极评价，从而缺乏克服困难的意志和毅力，情绪沮丧、自卑甚至抑郁。部分学生逐渐与教师和家长疏远，与同学之间的情感信息中断，呈半封闭或封闭状态。这个时候，家长往往会出于"为孩子好"的考虑而选择陪读。

　　陪读是指父母为了子女的学业离开原有居住地，暂居在学校附近以长期照顾生活、陪伴学习为目的的行为。高校陪读大部分是父母因为子女学习困难（如留级、休学或被劝退学等）而出现的"贴身"陪读，这虽然与社会、家庭甚至大学生本人对"独立自主"的期待相悖，但已成为不少家庭保障子女坚持完成高等教育的重要策略。

　　我们关注到，在刚开始陪读时，父母都会积极主动地尝试接近子女，努力地想去弥补或修正既往"错误的"教育方式，从而解决问题，但经常很快遭遇挫折。陪读的亲子互动中学业问题常常是亲子冲突的导火线，父母对孩子表现出过多的问询、监督容易引起子女情感上的反感、行为上的反抗。父母直接针对子女学习的言行，不管是提问、建议还是要求，都容易被子女看成是"控制"或"不信任"的表现，而激起子女强烈的"反控制"言行，使得本来意在帮助子女"学习独立"的陪读阶段变成激烈的"无奈决裂"。

　　在这样的背景下，陪读家长一方面对于子女的前途忧心忡忡，另一方面又不知道如何有效地与子女进行沟通，此外他们通常对于家庭的经济收入呈现"负"贡献状态，又远离自己的社会支持网络，他们不仅要关心监督子女的生活和学业，自身还需要尽快适应学校及周围的社会环境，这些因素累加会造成陪读家长的紧张、不安、焦虑、迷茫等负面情绪，从而引发心理失调，一般表现为长时间的过度担忧、紧张、坐立不安、失眠等。而家长的状态又会进一步影响孩子的学习和生活状态。上述种种情况所引发的家长焦虑情绪和亲子关系问题如果不进行及时干预，那么陪读家长将无法与子女开展良性互动，这不仅仅无法达到帮助孩子在高校克服学业困难、顺利成长的陪读效果，家长和孩子的心理健康都无法得到保障。

学校和院系对"学困生"群体高度重视，协同思政教学和心理中心等多方力量开展学生学业和心理等方面帮扶。同时关注并支持陪读家长，保持与家长的沟通联系。良好的家校联动将对高校人才培养工作起到更大的支撑和促进作用。基于以上考虑开设陪读家长团体辅导，探索家校合作新模式，创新"学困生"帮扶策略，助力构建积极亲子关系，从而更好地帮助学业遇到困难的学生调整心态、管理情绪，重塑目标，再度出发！

陪读家长团体辅导项目于 2019 年 11 月正式启动，且在 2019 年顺利开展第一期连续 8 次的线下团体辅导活动。2020 年 1 月，新冠疫情给学生及陪读家长带来新压力与挑战，我们决定开展线上团体辅导，进一步巩固第一期团体辅导的效果，深入拓展方案内容，切实做到对学生及陪读家长的跟踪帮扶。

## ⏱ 实施过程

### 1. 团体辅导活动的目的

通过让家长觉察、意识自我困境，分享亲子关系困扰，共同讨论应对方案，从而缓解自我焦虑、改善亲子沟通，同时促进学生关注自我学业，回归自我负责的状态，确保学生毕业或明确自我发展方向，逐渐帮助学生走出困境。具体来说有以下四点：

（1）提升家长亲子沟通技能；

（2）提升家长情绪管理技巧；

（3）增强家长陪同应对困难的信心；

（4）明确家长对学生的培养目标，树立各自为人生负责的态度。

### 2. 团体辅导对象的选择

团体辅导成员一般以 8~10 人为宜，为确保团体辅导效果，筛选适合参加的对象是最基础的一环。面向目前在校陪读的家长，分别由辅导员、专职心理咨询师对其进行一对一沟通、访谈评估和问卷测量。具体步骤如下：

（1）沟通需求：由院系辅导员逐一联系在校陪读家长，了解陪读家长在当前陪读过程中遇到的困难以及对学校工作的需求，即希望学校提供什么样的帮助和支持？

（2）了解意愿：向陪读家长解释开展团体辅导活动的目的，询问家长参加团体辅导活动的意愿及可行性，明确初步参与意向。

（3）访谈评估：针对有意愿参加的陪读家长，由专职心理咨询师进行一对一结构化个体访谈，进一步了解陪读家长参加团体辅导的需求及目的，评估陪读家长参加团体辅导的适配度，并邀请陪读家长填写《简易应对方式问卷》《焦虑自评量表》《自我接纳量表》，结合测试结果进一步评估陪读家长是否适合参加团体辅导。

（4）筛选结果：结合问卷测量结果及个体访谈结果，明确可以入选团体辅导的家长成员。针对适合参加的家长成员告知注意事项，针对当前不适合参加的家长提供其他帮扶建议。最后，通过综合评估，共选取 9 位家长参加团体辅导活动。

### 3. 团体方案的设计与实施

#### （1）团体方案的设计原理

基于埃里克森人格发展八阶段理论：人要经历四个童年阶段、一个青春期阶段和三个成年阶段的心理社会演变，才会促进其心理社会发展。这八个阶段紧密相连，每一个阶段都有相应需要完成的任务，并且每个阶段都建立在前一阶段之上。基于此理论，分析当前学业困难大学生及陪读家长所处的心理发展阶段，大学生主要存在自我同一性对角色混乱的冲突：大学生一边受困于学业困扰，不知道自我发展的方向是什么，因学业受困、发展停滞导致自我同一性危机，发展角色混乱，有的沉浸于网络游戏，有的休学退学，更严重的还会导致极端想法，甚至想要结束生命。此外，有些大学生还伴随着亲密对孤独的冲突：要么孤立自闭，要么恋爱受挫，要么亲子冲突，感觉不被理解，特别孤独和痛苦；陪读家长则是处于成年期生育对自我专注的冲突，一方面特别关注孩子的学业与成长，另一方面基于自我发展受阻，将全部生活重心转移到孩子身上，给孩子带来叠加压力，进而导致亲子冲突加剧。如何让家长的陪伴成为孩子发展的动力，而非阻力，如何让家长掌握亲子沟通的技巧、学会管理自我情绪，和孩子和谐相处，是本次团体辅导的主要目的之一。

基于团体辅导的原理，将有类似问题困扰的陪读家长聚集在一起成为团体工作的对象，鼓励陪读家长之间分享感受，提供相互支持，促进陪读家长自我觉察和改变，做到真正接纳孩子、接纳自我、改善亲子沟通方式，将学生学业受困看作孩子成长中的重要过程，将此逆境作为明确学生自我定位、改善亲子关系、促进积极心态养成的一个契机。变困境为挑战，变压力为动力，让陪读家长真正成为陪伴孩子成长的支持源！

#### （2）团体方案的设计与实施

本团体采取半结构化面试。本团体分为两期，第一期参加者为 9 位家长，其中 7 位女性家长，2 位男性家长。第二期参加者为 7 位家长，未参加的 2 位家长中，一位因孩子已顺利毕业不再参加团体辅导，另一位因工作冲突无法在线参加，该家长提出能否更换为孩子的妈妈参与团体辅导，但考虑到团体成员的稳定性，向其解释了团体规则(不适合新家长加入团体)，该家长考虑到孩子前一学期已顺利完成既定学业，且亲子沟通变得更加融洽、亲子关系明显改善，所以决定退出团体辅导。

本团体第一期采取线下团体辅导的形式，每周二下午 15：00—17：00 开展，每周一次，连续 8 周，一共 16 个学时。要求参与者不请假，全程参与。第一期团体辅导安排的具体内容见表 17.1。

表17.1　第一期团体辅导安排

| 时间 | 主题 |
|---|---|
| 第 1 次 | 相见欢：挖掘资源与优势 |
| 第 2 次 | 了解困扰及应对方式 |
| 第 3 次 | 如何看待逆境？变逆境为机会 |
| 第 4 次 | 父母如何不焦虑，成为孩子的支持源 |
| 第 5 次 | 学会 EQ 新型情绪管理方式 |
| 第 6 次 | 如何积极倾听，突破沟通障碍 |
| 第 7 次 | 如何接纳当下，感恩孩子，共情孩子 |
| 第 8 次 | 写给孩子的一封信，总结收获、送祝福 |

受疫情影响，第二学期有的学生滞留家中，有的家长滞留学校，有的亲子同时被隔离且学生被迫上网课，进一步加剧学生的学业困难甚至影响毕业时间。面对不同群体普遍存在的焦虑、抑郁等心理状态，为更好地促进陪读家长提升陪伴孩子的质量，提升孩子面对学业压力的技巧，特地组织陪读家长开展第二期线上团体辅导。采取在线团体辅导的形式，通过瞩目网络平台进行网络视频会议。每周二晚上 18：45—20：45，每周一次，连续 8 周，一共 16 个学时。要求参与者不请假，全程参与（疫情原因，其中一次团体辅导有一位成员请假）。第二期团体辅导安排的具体内容见表 17.2。

表17.2　第二期团体辅导安排

| 时间 | 主题 |
|---|---|
| 第 1 次 | 疫情的影响、成长收获与受困问题 |
| 第 2 次 | 家长的人生目标 & 孩子的人生目标 |
| 第 3 次 | 家长如何协助孩子制订目标：区分谁的需求 |
| 第 4 次 | 现场演练：如何肯定孩子 |
| 第 5 次 | 现场演练：如何共情孩子 |
| 第 6 次 | 现场演练：如何面对"失败""回避"的孩子 |
| 第 7 次 | 如何实现孩子与父母的"分离"：让孩子成为他自己 |
| 第 8 次 | 回顾、赞美与告别：陪伴孩子一同成长 |

## 效果评估

### 1. 评估工具的选用

本次团体辅导选用简易应对方式问卷、焦虑自评量表和自我接纳量表三个测量工具。

### 2. 评估数据结果

### （1）第一期

八次团体辅导无人缺席，各位家长积极参与，分享困惑，提出问题，在团体带领者的指导帮助下，在团体成员的互动支持下，各位家长明白了如何看待"陪读"事件，如何化逆境为机会，如何挖掘正向资源，如何通过改善亲子关系促进孩子学业稳步前进，如何交流学习方法促进家长孩子相互借鉴，如何让家长真正成为孩子的支持源而非新的压力源。

团体辅导结束之际，九位成员对团体辅导的满意度评分均为满分10分。有些家长明显缓解了焦虑情绪，有些家长显著促进了亲子关系，有些孩子找到了新的学习方法，家长们纷纷表示，此次团体辅导受益匪浅，希望以后能够继续开展类似的团体辅导，以便于让孩子获得家长更好的支持，促进孩子学业进步、健康成长！

### （2）第二期

第二期团体辅导结束后，成员反馈说很有帮助，获得了很多建议，获得了掌控感的同时，也意识到陪伴的重要性，发现真诚的夸赞和鼓励是万能钥匙。他们感到接纳和改变自己的需要，也只有这样方能更好地促进孩子成长，帮助孩子成长。成员们依依不舍，期待下一期的开展。

为更好地评估团体效果，第一期和第二期团体辅导都针对性地设计了前后测及追踪问卷，因第一期9人参加，第二期7人参加，共追踪7人参加第一期和第二期的前后测效果，重复性方差分析表明：家长的"应对倾向"和"焦虑"经过团体辅导干预后，有显著的变化。即应对倾向在第二次团体辅导过后显著高于干预前和第一次干预后，效应量较大（Cohen's d=−1.24），焦虑水平在第一次干预后就有显著地降低且维持到了第二次干预后，效应量很大（Cohen's d分别为1.886和2.007）。自我接纳总分和两个子维度的变化没有达到显著性水平，可能是成员流失和样本量较小的缘故。尽管如此，第二次干预在自我接纳上还是取得了中等程度的效应量（Cohen's d=−0.421）。追踪结束，这些结果表明家长们通过两期团体辅导做到了能更好地自我接纳、应对困境！

### 💡 案例启示

### 1. 构建积极亲子关系，强化学生成长的动力

高校陪读家长群体开展团体辅导工作对构建积极亲子关系、促进学生成长有重要意义。良好的亲子关系可以有助于"学困生"克服学业倦怠，促进其独立成长。但高校父母陪读行为对于当事家庭而言是一个不小的压力和挑战，需要社会、高校、父母、孩子多方面的配合和支持。高校陪读发生在大学生本应独立的阶段，这个阶段大学生

的独立意识较强，面对子女的学业困难和冲突的亲子关系，父母应逐渐理解到有效的亲子互动需要情感上的联结，更需要支持子女成年后的独立需求。以此项目为基础，我们可以看到家长也进一步意识到父母陪读是父母重塑亲子互动的一个良好契机，父母和子女都在此过程中发生改变，共同促进亲子关系的修复与转变，并最终顺利达到子女学业能力的提升和更加独立自主的目标。

### 2. 优化家长团体辅导方案，形成可复制的团体经验

本案例中介绍的团体辅导项目，2019—2020 年，共开展 2 期 16 场团体辅导活动，所面向的家长群体年龄跨度较大、子女专业丰富且家庭情况各异，同时面临疫情防控期间无法线下开展等挑战，项目团队不断总结分析，听取家长建议，及时调整优化团体辅导和帮扶方案，并综合第一期经验，创新开展线上家长团体辅导的形式，为各个家庭带来实际的便利和收获。结合本案例的情况，形成可复制、可推广的家长团体辅导方案，尤其是线上团体辅导更是提供了便利的条件，让不能到现场陪读的家长也有机会提升对学生的关注与沟通能力，进而促进学生更好成长。该方案可以优化复制，从而让更多处于孤立无援的陪读家长得到关注和支持，接受学校专业力量提供的帮助，降低家校冲突风险。

### 3. 协同多元力量创新帮扶模式，形成家校合作闭环

加强家校合作深度，促进亲子良性沟通，进而帮助学生更好成长。孩子的成长离不开家长和学校的共同努力，家校的良好互动和合作对于学生在高校的健康成长和综合发展至关重要。本团体辅导项目的顺利开展得益于学校和院系的大力支持，学校心理中心与院系二级心理辅导站以及辅导员等协同发力，前期了解家长和孩子基本情况摸清底数，团体辅导过程中保持家校多方沟通，同时通过院系辅导员又能获得学生的学业和生活适应情况以及学生对家长陪读的态度变化，从而更加全面和综合地帮助家长降低焦虑情绪、帮扶学业困难学生获得进步，进一步形成家校合作助生成长的有效闭环。

## 案例 18 ▶ 抗疫线上焦虑情绪管理团体

### 案例概述

2020年初新冠疫情在全国暴发，为了防止疫情蔓延，教育部门要求全国中小学以及高校延迟春季学期开学时间，全国数千万高校学生开启了居家上课的模式。在新冠疫情的背景下，封闭受限的居住环境，感染风险的可能，以及生活方式改变带来的关系和情绪议题，居家和学业工作双重压力并存，导致焦虑、恐惧甚至恐慌等情绪蔓延。自新冠疫情暴发以来，我国民众的心理健康状况受到了的影响。调查显示，疫情防控期间近三分之一的民众出现抑郁，有18%～24.9%的民众出现了焦虑情绪。[①]

高校学生的心理健康水平同样也会受到影响，出现焦虑或抑郁的症状。一项对华南地区1100名高校学生所做的焦虑情绪调查显示，焦虑情绪检出率为38.4%，其中轻度、中度和重度的检出率分别为22.5%，10.5%和5.4%。[②]除了与新型冠状病毒直接相关的健康焦虑和死亡焦虑外，本团体报名者填写的问卷结果显示，高校学生的压力还来源于疫情防控期间不明朗的就业或升学情况、居家隔离期间爆发的家庭冲突或者亲密关系冲突。根据如上情况，高校加强重大压力事件下的心理疏导工作，协助学生改善疫情防控期间的心理健康状态，势在必行。高校心理工作者有必要探索及时有效的心理支持方式。然而在疫情防控全民隔离的情况下，心理健康相关的地面工作无法展开，这要求心理健康工作者能够较快地适应疫情下的工作环境，以创新模式进行心理干预或心理辅导，从而确保学生不在校期间心理服务不断线。因此，浙江大学心理中心在春节过后及时推出了面向学生和公众的心理热线，同时也开拓出以团体的形式开展公众危机事件的干预模式。在居家隔离的情况下，加入团体活动能够有效地缓解人际隔离的体验。

本次抗疫线上焦虑情绪管理团体的设计以认知行为疗法（cognitive behavioral therapy，CBT）为基础，以创新趣味的方式将焦虑及CBT相关的心理知识传递给成员，重视建立安全稳定的团体氛围，强调在自我觉察与自我接纳的基础上进行CBT练习，强调成员发现自己的资源和力量，创造积极的滋养环境。

---

① 孙启蒙，覃青松，陈柏欣，等.新型冠状病毒肺炎流行期间非湖北地区民众心理应激、抑郁、焦虑情绪和失眠的调查[J].中华医学杂志，2020,100（43）：3419.

② 邱倩文，张弘玥，黄冰，等.新型冠状病毒肺炎流行期间高校学生焦虑状况及其影响因素调查[J].华南预防医学，2020,46（4）：373.

## 🕐 实施过程

### 1. 团体辅导活动的目的

本团体以认知行为疗法为基础，团体不涉及深层的个人议题，主要针对疫情背景下，成员共有的焦虑情绪为工作目标，通过心理教育、小组练习、学习情绪管理技能、团体成员互相提供支持和分享心得等方式，帮助成员在安全的氛围中将学到的技能逐步迁移转化到生活中，增强管理焦虑情绪的能力。

### 2. 团体辅导对象的筛选

本团体包括团体带领者（一名主要带领者和两名协同带领者）和团体成员（限定在 8 人以内，需要考虑软件满屏最大可显示成员数量以及团体每次工作时间可以关注的人数）。成员均为各学院辅导员发布信息自主和转介而来。团体为封闭团体，团体活动过程在瞩目网络平台上开展，团体前后，以及团体活动时间之外，带领者与组员均以 QQ 在线沟通。具体步骤如下：

（1）发布信息。通过心理健康教育与咨询中心网站发布招募通知。

（2）筛选对象。报名者登录校内心理服务系统填写报名信息并完成量表（焦虑自评量表（self-rating anxiety scale，SAS），抑郁自评量表（self-rating depression scale，SDS）以及广泛性焦虑量表（generalized anxiety disorder，GAD-7），团体带领者初步筛查问卷数据。

（3）入组访谈。团体带领者与可能适合入组的报名者进行入组访谈，了解报名者对团体的预期及需求，介绍团体设置及保密原则，进一步筛选出最终入组名单（见图18.1）。

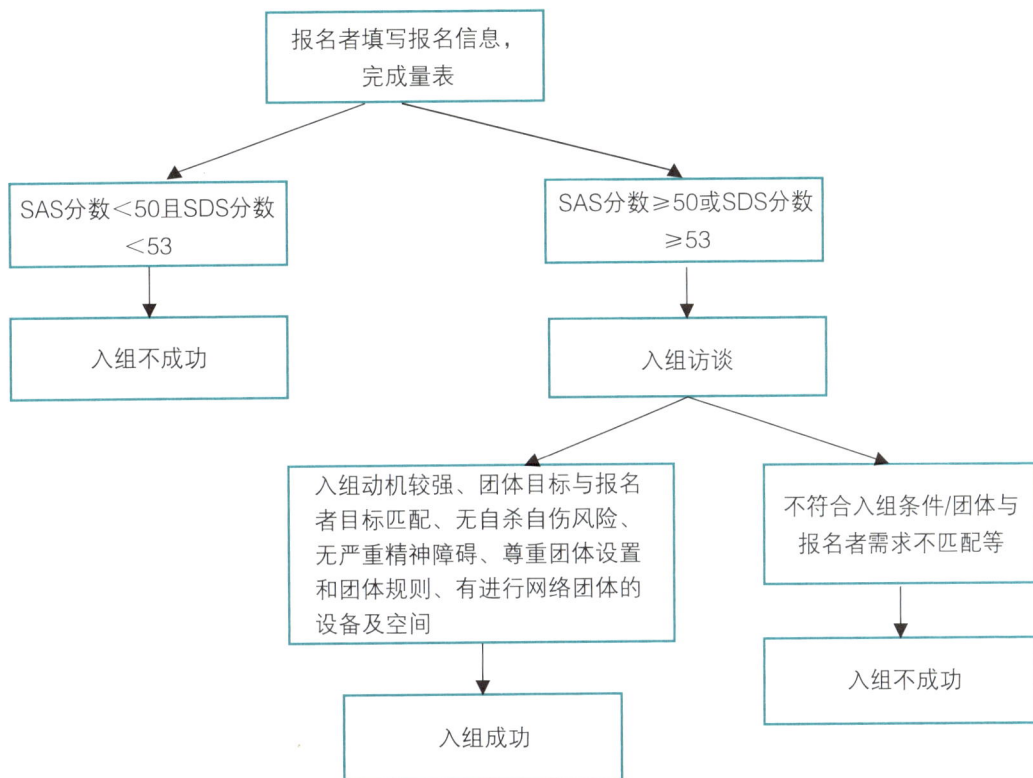

图 18.1　入组流程

### 3. 团体方案的设计与实施

#### （1）团体方案的设计原理

重大压力事件下的团体干预一般以结构化的方式为主，工作方向聚焦症状。认知行为疗法能够有效改善成人的焦虑障碍。团体辅导是当前高校中较为普遍的心理干预形式，其中行为认知行为取向的团体辅导能够有效改善大学生的焦虑状态。疫情较为严重时，虽然许多高校及时开展了线上模式的个体咨询，但相比个体咨询，团体辅导转为线上模式的过程更为复杂，在疫情防控期间较为少见。因此抗疫线上焦虑情绪管理团体是一次全新的尝试和挑战。

团体辅导中以创新趣味的方式将焦虑及CBT相关的心理知识传递给成员，重视建立安全稳定的团体氛围，强调在自我觉察与自我接纳的基础上进行CBT练习，强调成员发现自己的资源和力量，创造积极的滋养环境。

（2）团体方案的设计与实施（见表 18.1）

表18.1　团体方案实施表

| 时间 | 团体目标 | 团体活动 |
|---|---|---|
| 第一周 | 1. 团体成员彼此认识，营造互相尊重的安全的团体氛围<br>2. 成员能够了解焦虑的定义、焦虑与大脑和身体的关系<br>3. 成员能够识别目前的主要焦虑源以及焦虑的程度<br>4. 成员能够开始以不同的视角看待焦虑，引入自我接纳与自我鼓励 | **心理教育**<br>游戏——认识我的大脑：介绍焦虑是如何产生的以及焦虑对大脑的影响，介绍大脑可塑性的概念<br>**互动活动**<br>1. 焦虑小瓶子：团体成员通过涂小瓶子的方式识别目前自己的主要焦虑源以及焦虑程度，并与其他成员分享<br>2. 使用瞩目的白板功能讨论"焦虑可耻吗？"<br>**作业**<br>成员在团体辅导结束后思考希望近期能够达成的一个或两个目标 |
| 第二周 | 1. 成员能够进一步学习如何以"不评判、不建议、不分析"的方式沟通<br>2. 成员能够开始有意识地用SMARTER Goal（明确性、衡量性、实现性、相关性和时限性目标）的方式制定目标<br>3. 成员能够开始觉察到由焦虑引发的焦虑 | **心理教育**<br>1. I statement 练习（以"我"开头的对话练习）<br>2. SMARTER Goal: 先分享上次团体作业中的目标，带领者用电视剧《武林外传》中小郭的例子展示如何设定可执行性更强的目标<br>**互动活动**<br>跷跷板对话：内心中关于焦虑的正面和负面的声音，它们的关系是怎样的 |
| 第三周 | 1. 成员能够在给定的场景中区分出情绪与想法，并通过练习意识到复杂情绪的存在<br>2. 成员能够意识到在他们的叙述中包含着想法、情绪、行为，且能通过练习开始对自动化思维进行捕捉<br>3. 成员能够评估出自己在SMARTER Goal 哪一阶段感到有所阻碍并进行调整<br>4. 成员能够开始有意识地进行感恩练习，关注生活中值得感恩的事情，并开始理解感恩练习的意义 | **心理教育**<br>1. 区分情绪和想法：介绍情绪和想法的定义，用某个具体场景作为练习帮助成员区分两者，对有疑问的地方进行讨论<br>2. 情绪温度计：用温度计的方式帮助成员区分情绪强度以及由此辨别不同事件对焦虑程度的影响<br>**互动活动**<br>1. 自动化思维的识别：成员分享这一周/最近一次在SMARTER Goal 执行过程中的一个困难时刻（例如拖延）过程中，注意捕捉自动化思维。强调抓不住也没关系，捕捉自动化思维的练习在之后的团体活动中会持续进行，强调觉察的过程而非结果<br>2. 感恩练习：首先带领者介绍感恩练习的意义，然后要求成员写两条感恩的信息，一条写给某个团体成员，一条写给整个团体<br>**作业**<br>提供给成员五联表，至少填写两次（必做）<br>记录自己感到感恩的事情（选做） |

续表

| 时间 | 团体目标 | 团体活动 |
|---|---|---|
| 第四周 | 1. 成员能够通过温度计给情绪打分<br>2. 成员能够开始捕捉继发自动化思维，并且觉察自动化思维可能有多个循环<br>3. 成员能够开始有意识地区分情绪强度，能够识别让自己焦虑的事件<br>4. 成员能够较为熟练地使用五联表觉察到事件发生时自己的情绪、想法、行为等，并能够开始接纳自己的体验 | **互动活动**<br>1. 分组练习使用加了情绪温度计的五联表并分享感受<br>2. 工具箱：成员写下并分享焦虑的时候自己用过的有效的处理方式 / 工具<br>**作业**<br>继续使用五联表（带情绪温度计版） |
| 第五周 | 1. 成员能够开始使用提问的方式对自动化思维进行不合理成分的检测，并重新编辑五联表<br>2. 成员能够在分享中认识到在填写五联表以及检测自动化思维的过程中遇到困难是正常且不可避免的，增强自我接纳与自我同情 | **互动活动**<br>1. 了解成员处于改变的哪个阶段，以及在当下阶段遇到的问题：收集成员对于团体互动的反馈并回答疑问<br>2. 自动化思维的识别与不合理成分的检测：带领者示范如何通过提问的方式检测自动化思维中不合理的成分，然后成员分组轮流分享五联表以及检测不合理成分<br>**作业**<br>1. 继续填写五联表，加上对自动化思维检测<br>2. 每天记录两件感到幸福 / 感恩的事情 |
| 第六周 | 1. 团体成员能够觉察并分享自己的变化和进步，发现自己的资源与力量<br>2. 成员能够理解团体活动背后的原理<br>3. 成员能够开始整理自己的工具箱，开始将真正对自己有效的应对焦虑的方法应用到生活中 | **互动活动**<br>介绍 CBT 模型以及原理，解释之前的活动是 CBT 理论中的一部分，团体中无法涉及更深层的部分<br>**心理教育**<br>1. 正常化负面情绪，接纳已经形成的思维模式，并意识到可以强化新的思维方式，拓宽认知的宽度<br>2. 寻求反馈：在介绍了团体的理论框架并且回答了成员的问题后，成员对团体的感觉有什么变化吗？对之后的团体有什么期待吗？ |

续表

| 时间 | 团体目标 | 团体活动 |
|------|---------|---------|
| 第七周 | 1. 成员能够辨别在何种情况下需要进行思维替换<br>2. 成员能够识别常见的不合理思维<br>3. 成员能够发现自己的资源与力量，在自动化思维是真实的时候采取合理应对方式<br>4. 成员能够理解自我关爱的概念，并且通过做问卷制作自己的愉悦清单 | **心理教育**<br>介绍 CBT 中常见的不合理思维，强调不是所有的自动化思维都需要替换<br>**互动活动**<br>1. 思维替换练习：分组进行五联表分享以及思维替换<br>2. 介绍自我关爱的概念：成员做自我关爱问卷并分享做问卷的感受<br>3. 制作愉悦清单：根据问卷的结果和成员的分享，识别能让自己感到愉悦的事情，并列出来<br>**作业**<br>给整个团体和每个成员写一封告别信，每封信不超过350 字 |
| 第八周 | 1. 成员能够看到自己在八周过程中的变化<br>2. 成员能够理解失去与离别所经历的心理过程，并且能够分享团体的离别带来的感受<br>3. 成员能够总结在团体中的收获，并开始将团体中学到的技能应用到生活中<br>4. 成员能够与彼此道别，表达自己的真实体验 | **互动活动**<br>1. 呈现团体成员焦虑值的折线图，邀请成员分享自己的感受<br>2. 关于"离别／失去"的分享：成员分享"说到离别，你会想到什么？"，然后分享一个能想到的离别的经历<br>**心理教育**<br>1. 生命中有哪些失去和离别（如人际关系中的失去，和不同阶段的自己，亲人去世等）<br>2. 介绍关于离别和失去的双程模型<br>3. 讨论：面对未来的种种离别，我们可以做些什么帮助我们好好告别？<br>4. 读信：每个人读给团体和成员写的信<br>5. 展望未来：成员写下自己的三个收获，自己的闪光点，以及未来感到焦虑的时候可以获得的支持，并在团体中分享<br>**团体结束**<br>每个人分享一句话以后，一起做电影开拍的手势，寓意团体活动结束后新篇章的开始 |

## 🔍 效果评估

### 1. 评估工具的选用及评估数据结果

团体活动进行过程中，成员每两周在团体活动开始之前在线填写广泛性焦虑障碍量表，至团体结束，共收集到 7 人填写的数据，其中 4 人完整完成 4 次问卷，2 人完成 3 次问卷，1 人完成 1 次问卷。通过不完整数据显示，团体成员在八周过程中整体的焦虑水平显著降低，具体见图 18.2。

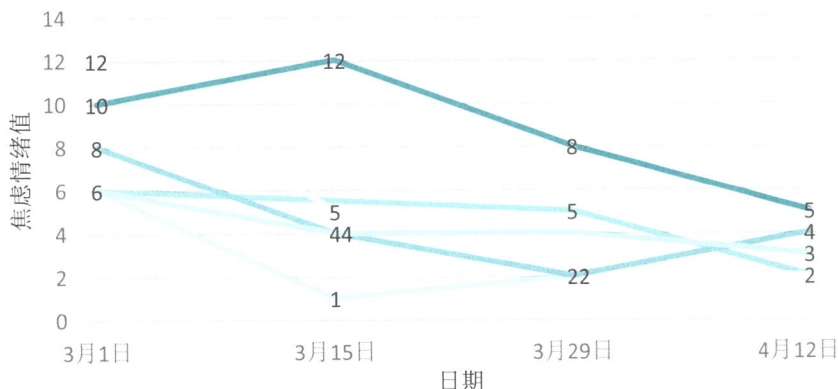

图18.2 团体成员焦虑值变化曲线

## 2. 成员反馈（见表 18.2）

表18.2 成员反馈表

| 成员 | 结束后访谈 | 三个月后访谈 | 访谈总结 |
|---|---|---|---|
| A | 试着理解自己的同时，也试着理解别人（自我认识的提升） | 感觉团体的经历不会在具体的哪一个点上呈现出来，而是潜移默化地变成一种感觉（内化的发生） | 进行团体活动结束后的三个月访谈时，成员均已返校。相比疫情防控期间，返校以后高校学生还面临着适应网络教学模式、担心学业进度落后、担心从疫区返校受到歧视等情况可能引发的焦虑。但是三个月后的追踪显示，成员能够将在团体中学习到的技能与态度较好地迁移到生活中，相比起团体刚结束时，成员感受到了"潜移默化"的更深层的改变，自我觉察有所提高，对自己多了更多的包容、接纳和理解 |
| B | 当自己感到自己处在焦虑、生气、烦躁的时候反而会比较容易恢复正常——停下来看到自己的过程（自我觉察的提升） | 团体里学到的东西，潜移默化变成了自己处理事情的方式。比如烦躁的时候会停下来想想自己在想什么，有什么体验，然后慢慢就能平静下来（成员能够意识到的团体后效） | |
| C | 当在生活中遇到一些事情的时候，会说"我现在不想谈这个事情"而不是让自己脱口而出一些事后让自己后悔的话，等到后面平静下来再去沟通（冲动控制） | 团体中的经历最终都会变成自己的"养分"。感觉自己变成一个对自己更宽容的人了，变"佛"了，很多事情不会困扰自己了（自我接纳的增加） | |
| D | 拓展了自我认知。偶尔做一下自动化思维练习的时候，会发现自己原来会偏向一种方向来思考（元认知能力的提升） | 会增加自己反思的次数，状态不好的时候会去想，这个状态背后是什么需求，我需要什么东西去满足这个需求，调整好自己的状态（成员能够意识到的自我反思和自我接纳增加） | |

💡 案例启示

我们认为，抗疫焦虑情绪管理在线团体的开展主要有如下方面的借鉴意义。

## 1. 线上团体辅导，满足学生认知拓展的需求

在新冠疫情暴发初期，大批高校学生隔离在家上网课的背景下，能否开展团体工作，如何开展团体工作，成为高校心理工作者亟待解决的问题。本团体的开展在当时

缺乏充分参考资料，不确定开展方式和辅导效果。带领者经过反复研讨，一边研发团体方案一边开展团体活动，在过程中不断调整方案。它要求团体带领者迅速转变在地面进行团体辅导的旧有模式，比如在地面团体常用的破冰活动需要成员物理上的接近。团体带领者不得不考虑如何用"手势"和"在线游戏"等方式增强成员热身与联结，促进其全身心地参与。团体的开展和最终的效果显示，类似新冠疫情的重大公众卫生事件背景下，以小团体的形式进行特定人群的情绪议题干预是可行的，有效弥补了个体工作在工作深度和广度上的局限性，满足了高校学生归属与人际的需要。

### 2. 营造安全的团体氛围，形成正向的团体效果

由于在线沟通中，沟通信息的片面性，成员更容易出现人际信息理解偏差，在团体信任感的建立上需要更多的工作。首先，稳定可预期的团体结构，对于成员来讲就是安全感的重要来源；其次，在成员发言后，带领者需要及时地澄清与反映，穿针引线地促进信息传递的准确性和有效性，帮助成员形成不评判、不批评、不建议的沟通模式，带领者的参与度会更高；再次，对于团体沟通中的冲突与隐含的矛盾，带领者需要通过自身的示范，和此时此地其他成员的反应，给予冲突呈现的空间，并协助成员在冲突后反思并强化所学的知识；最后，结构化与灵活性的平衡。足够有经验的协同带领者，可以保障充分有效地收集团体成员的在线反应，在主带领启动团体活动的过程中，协同带领者可以补充成员的反应与反馈，及时处理成员可能出现的迷惑、失望、焦虑等情绪，结构化有时会让步于此时此地的情绪处理，出现非结构内但也是营造团体氛围与加深所学技巧的时机。

### 3. 后疫情时代背景下，探索可推广性团体辅导新形式

该团体活动的进行凝练出一套基于认知行为疗法，适用于高校的在线情绪管理团体方案。这套方案中包含若干专属于在线情形下增强团体联结的干预方式，比如，利用在线分组的活动进行小组技巧练习，利用共享白板的功能开展团体情绪瓶子涂画和头脑风暴的工作。这些干预模式的探索填补了在线团体的技术空白。当然，该团体的主要工作思路也适合疫情后期的在线情绪管理小团体工作。其中的一些表达性技术，也可以拆解运用于个体心理咨询中，比如以地图的方式介绍工作流程和结构（见附件），借助象征化的方式进行CBT的心理教育。最后，在附件中特别提供我们自行开发和改编的团体工具箱，供后续使用者借鉴和改进。

# 附件：团体辅导工具

## （一）团体报名问卷

1.请问您是如何知晓团体的?

2.您方便接受团体通知和进行访谈的QQ号:

3.请您对目前所处环境的安全感打分（1～10 分）:

4.目前所在地（省区市）:

5.请问您是否有过团体辅导的经历? 有的话，请问是什么团体?

6.请问您是否有单独私密的上网空间:

 a）是

 b）否

7.请问您属于（多选）:

 a）一线医护人员的家属好友

 b）一线工作人员的家属好友

 c）确诊人员的家属好友

 d）疑似人员的家属好友

 e）无接触史的人员

 f）有密切接触史的人员

 g）疑似人员

 h）确诊人员

8.请问您目前所在社区或地区的隔离形式为:

 a）完全不允许出门

 b）为生活必需原因可以偶尔出门

 c）不限制出门

9.请问您目前的焦虑和担忧主要是因为(多选):

 a）旅途中/出门时途经疫区或接触过携带者，居家隔离时对自身担忧

 b）对疫情的发展感到焦虑

 c）对家人、朋友的症状感到担忧

 d）来自学业（如科研进展和毕业论文）的压力/网上学习方式造成的压力

 e）求职、职业规划方面的压力

 f）居家隔离期间爆发的家庭冲突或者亲密关系冲突

 g）由居家隔离无法出门带来的焦虑感

 h）其他

10. 请问您自疫情暴发以来，是否出现以下情况（多选）：

行为层面

- 活动力增加或减少
- 很难交流，无法听进去疫情之外的话题
- 情绪激动，易怒，经常和人争吵
- 没办法休息或放松，持续关注疫情相关信息
- 无法正常工作，每过一会儿就得看看疫情进展
- 经常哭泣，与医患、无助者陷入"极度共情"状态
- 高度警惕、过度担忧，看到任何相关消息，都要转发给周围的人
- 回避引起（创伤性）回忆的地点
- 心思都在疫情上，做事的时候，容易发生事故

身体层面

- 肠胃问题
- 头痛，其他酸痛
- 视觉障碍
- 体重减轻或增加
- 出汗或发冷
- 震颤或肌肉抽搐
- 容易被吓到
- 慢性疲劳或睡眠障碍
- 免疫系统疾病

心理/情绪层面

- 感到英勇、欣快或无敌感
- 否认现实
- 焦虑或恐惧
- 抑郁
- 愧疚
- 冷漠
- 悲伤

思维层面

- 记忆问题
- 失去方向感、时常困惑
- 思维过程缓慢；注意力不集中
- 无法决定事件的优先级、无法做决定
- 失去客观性

## 社交层面

- 自我隔离
- 责备自己，感觉自己尤其渺小，什么忙也帮不上
- 难以给予他人，或难以接受帮助
- 无法享受快乐或乐趣，无法忍受任何娱乐性活动

11.请问您希望通过参加本团体辅导收获什么？

a）学习情绪相关知识

b）收获情绪管理技能

c）改善自己的生活方式

d）其他

## （二）团体活动地图

## （三）心理稳定化技术：蝴蝶拍

"蝴蝶拍"心理稳定化技术又称蝴蝶拥抱技术。蝴蝶拍顾名思义，就像蝴蝶一样，拍打着翅膀，又好像我们在自己拥抱自己、安慰自己，可以促使心理和躯体恢复和进入一种"稳定"状态。

"蝴蝶拍"心理稳定化技术主要运用于危机事件导致的焦虑、紧张、惶恐、缺乏安全感的状态。

"蝴蝶拍"心理稳定化技术的操作步骤：

（1）双手交叉在胸前，中指尖放在对侧锁骨下方，指向锁骨方向。可以闭上或

者半闭上眼睛。

（2）将你的手想象成蝴蝶的翅膀，像蝴蝶扇动翅膀一样，缓慢地、有节奏地交替摆动你的手，例如，先左手，后右手。

（3）缓慢地深呼吸，留意你的思绪和身体感受。在这一刻，你在想什么？脑海里有什么样的景象？你听到了什么声音？闻到了什么样的气味？

（4）审视你的想法、感受，不去评判它们。把这些想法、感受看作天上飘过的云彩，一朵云彩来了又去了，我们只需静静地目送，不去评价它的好坏。

（5）重复6～8次"蝴蝶扇翅"，直到身体平静下来。

### （四）五联表

指导语：当你注意到你的情绪出现波动，当你注意到你可能难以集中注意力，做事情感到困难时，问问你自己："此时我的脑中在想什么？"同时在自动化思维这一栏里粗略记录下你的想法或者脑中出现的画面。

| 事件／情景 | 自动化思维 | 情绪 | 身体反应 | 行为 |
|---|---|---|---|---|
|  |  |  |  |  |
|  |  |  |  |  |

### （五）加入自动化思维检测及思维替换的五联表

自动化思维检测的问题：

（1）有什么证据证明这个想法是真实的／不真实的？

（2）如果想法是真的，最糟糕的结果是什么？如果最坏的结果发生了，你会如何应对呢？最好的结果是什么？最现实的结果是什么？

（3）如果我一直这样想，会产生什么影响？

（4）你有多大程度相信你的自动化思维是真的？（产生自动化思维的一瞬间以及做完前面三个问题的检测以后）

| 事件 / 情景 | 自动化思维 | 情绪 | 身体反应 | 行为 | 自动化思维的检测 | 替换（更多可能性） |
|---|---|---|---|---|---|---|
|  |  |  |  |  |  |  |
|  |  |  |  |  |  |  |

## （六）自我关爱问卷

请根据自身的实际情况，围绕身体、心理、身体健康、精神、专业、社交生活等各方面，给自己自我关爱的程度进行打分。

3＝我做得很好（比如比较频繁地做这件事）

2＝我做得还行（比如偶尔做这件事）

1＝我基本不做这件事

0＝我从来没做过这件事

？＝我没有想过这件事

身体方面

1.规律吃饭（如早饭、午饭和晚饭）

2.吃得健康

3.喝足够的水

4.锻炼身体

5.定期进行预防性医疗护理

6.生病的时候请假

7.拥有并享受自己的或者和伴侣一起度过的时光

8.穿自己喜欢的衣服

9.其他

## 心理方面

1.给自己留出远离电话、邮件和网络的时间

2.给自己留出自省的时间

3.注意自己内在的体验——我的想法、信念、态度、感受等

4.参与心理治疗活动

5.写日记

6.读与工作/学习无关的书

7.做一些我不精通/不主要负责的事情

8.保持好奇

9.有时对额外要负责的东西说不

10.跟我喜欢的人共度时光

11.跟我生命中重要的人保持联系

12.自我肯定，表扬我自己

13.重读最爱的书，重看最爱的电影

14.发现让自己感到安慰的活动、东西、人和地方，并追寻他们

15.允许让自己哭

16.发现让自己大笑的东西

17.在一些必要的场合中表达自己的愤怒

18.其他

## 身体健康

1.多吃水果、蔬菜等健康食品，补充维生素C与膳食纤维

2.喝足够多的水

3.锻炼超过20分钟

4.醒来以后感觉到神清气爽

5.每晚至少睡7个小时

6.留出休息或者小憩的时间

7.在一天中留出时间做深呼吸

8.进行解压活动（除了看电子屏幕类的活动外）

9.在自然环境中度过时间

10.摄入充足的营养，感到健康与强壮

## 精神/情绪/精神健康

1.留出时间参加喜欢的活动

2.表达喜爱和收到别人的喜爱

3.感觉到被亲近的人理解和重视

4.每天会感恩生活

5.即使在艰难的时候也能发现人生中有意义的事情

6.对周围的世界充满兴趣或者发现在周围世界中的乐趣

7.感觉到事情会变好的

8.创造性地表达自己

9.宽容地对待自己

10.记住把自己的梦想和目标放在首位

## 专业/工作/学习

1.正在读一个自己喜欢的专业

2.当前做的研究/学的专业与未来想要的职业轨迹契合

3.在专业方面有成就感，并享受所学的内容

4.与同学、研究搭档、导师相处融洽

5.面对在专业道路上可能遇到的困难，对自己的能力充满自信

6.学业中感觉到获得支持

7.在需要帮助或者指导的时候有可以依靠的人

8.无论是跟同事/同学还是在做任务的时候，设置边界

9.在一天结束时将压力抛在脑后，不想工作/学习

10.放假的时候好好休息，允许自己有低落的时间

## 社交生活/家庭/人际关系

1.有可靠的人可以倾诉

2.身边有支持你的朋友和家人

3.跟能让你开心的人有足够的社交时间

4.跟有共同兴趣爱好的人一起参加活动

5.跟能让你大笑的人一起共度时光

6.感觉跟你亲近的人是充满爱和支持的

7.能够自然地说出"不"

8.每周至少一次跟朋友或者家人做有意思的事情

9.感觉个人生活和学业/工作处于平衡的状态

10.当你需要帮助的时候，能够主动地去寻求帮助

## 案例 19 → "我和我们的故事"班级团体沙盘游戏活动
### ——高校思想政治教育和心理健康教育融合模式初步探索

### 👤 案例概述

2016年，习近平总书记在全国高校思想政治工作会议上提出："高校思想政治工作关系高校培养什么样的人、如何培养人以及为谁培养人这个根本问题。要坚持把立德树人作为中心环节，把思想政治工作贯穿教育教学全过程，实现全程育人、全方位育人，努力开创我国高等教育事业发展新局面。"①这对高校积极探索思想政治教育工作的多种形式和提高教育效果、不断创新高校思想政治教育工作指明了新方向，提出了新要求。

"00后"大学生价值观趋向多元，他们崇尚自由开放，强调公平正义，敢于挑战权威，他们认同主流价值观，又具有强烈的自我意识，这种自我意识与集体意识处于冲突并存的状态，他们自我意识强烈，但独立意识、平等竞争思想也延伸出更精致的利己主义和个人主义思潮，与传统集体主义、团队精神产生了冲突。当然，这些并不能完全概括大一学生的所有思想特点，但给辅导员的思想政治工作带来了挑战。对于价值观趋向多元，辅导员唯有把工作做到好上加好，精益求精，以期能得到更多学生的满意；思维模式和思维方向也随之发生变化，辅导员应想尽一切办法了解学生的困惑和需求，并帮助他们去解决。对于自我意识和集体意识的冲突，强调加强班级建设、班团一体化、增强班级凝聚力。

高校心理健康教师应时常思考如何在心理健康教育工作中将思想政治教育融入其中。在开展的班级团体沙盘游戏过程中，教师会发现同学们玩得开心，有收获和成长，同时，教师对同学们的认识也加深了，甚至在过程中发现了哪些同学需要关心，关心的点在哪里，为进一步开展谈心谈话工作提供了契机。

1957年，瑞士心理学家多拉·卡尔夫（Dora Kalff）受地板游戏的启发，首次使用心理沙盘，引导个体以游戏的方式，去呈现个体的心理问题。20世纪80年代初，沙盘传到中国，国内学者申荷永通过借鉴其对儿童心理治疗的效果，改进后将其应用到国内高校心理健康教育中，成为心理健康教育及干预的重要手段和方法。20世纪80年代，迪·多美妮科（De Domenico）发明了团体沙盘游戏，团体沙盘游戏以其效率

---

① 习近平：把实现思想政治工作贯穿教育教学全过程　开创我国高等教育事业发展新局面 [EB/OL]. (2016-12-09) [2023-06-15]. http://jhsjk.people.cn/article/28936173.

高、资源利用率高的特点迅速引起重视并得到推广。从个体沙盘到团体沙盘，沙盘的内容和形式发生了改变，从个体心理表达转变成团体心理主题体验，对高校心理健康教育来说是一种新的尝试。

团体沙盘游戏是多人同时参与的沙盘创作方式。在进行团体沙盘游戏时团体成员能够无意识地表达内在的动力和冲突，在互动过程中促进团体成员之间的沟通与合作，促进个体在交往中通过观察、学习、体验，从而认识自我、探讨自我、接纳自我，并最终帮助每一个成员都能够获得自愈能力，促进人格成长。

关于在高校中运用团体沙盘游戏，已有学者做出研究和论述，如：将团体沙盘体验作为高校思想政治教育创新的一种有效方式进行尝试，将思想政治教育中"价值、理想"作为沙盘主题融入体验进行操作和解读。结果显示，学生团体沙盘作品呈现出积极正确的价值理想取向，达到建立正确价值观及理想的教学目的。将团体沙盘游戏应用于高校团体心理咨询课程教学中，得到了学生的欢迎和认可，学生学习效果显著，同时也很好地提升了大学生的人际交往技能以及心理健康水平。团体沙盘游戏对大学生寝室人际关系有积极的促进作用，团体沙盘游戏是高校进行心理健康教育的有效途径。还有将团体沙盘游戏应用于大学生职业生涯规划中，将团体沙盘游戏应用于大学新生适应问题干预中，进行团体沙盘游戏治疗在改进大学生心理健康水平中的研究，探索沙盘游戏疗法在高校学生管理工作中的多方面应用，无论从应用范围还是作用效果方面，无不证实了团体沙盘游戏契合高校大学生、契合高校辅导员使用这一方法开展工作。类似的研究结论还有很多，因此，团体沙盘在促进大学生自我整合和团队建设方面具有较强的可行性，也非常适合学校学生团体的教育要求，教育教学效果明显，是一种深入浅出、持续有效的心理教育方法。

### ⏱ 实施过程

本案例的实施对象是大一新生，以班级为单位组织开展，沙盘游戏的辅导者是辅导员，参加过相关的培训并取得了国际表达性艺术分析学会认证的团体沙盘游戏引导师资格证书。本活动拟采用单次或多次、有主题、有规则、结构化的游戏形式，游戏的实施则引用洗心岛教育团体沙盘引导师认证培训中的培训内容。

以一个班级为例，根据同学们自愿参与的原则，在学校团体沙盘游戏室内开展活动。辅导员作为沙盘游戏引导者，将 17 人分成三组，每组选取一名观察员，进行观察记录。

此体验活动实施过程共分为五个部分，首先是引入，然后是介绍游戏规则，进行沙盘操作，最后是活动总结和活动反馈。

#### 1. 引入部分

（1）引导者介绍沙盘游戏和活动主题。引导者请同学们观察沙盘，选择自己心仪的位置，搬好凳子围绕沙盘按自己舒服的姿势就座并询问同学们的感受。然后引导者介绍沙盘游戏及用具（沙盘、沙、沙具）。例如：沙盘游戏疗法是由瑞士心理学家多拉·卡尔夫以荣格心理学原理为基础创立；团体沙盘游戏是由团体成员运用双手，借助水、沙子和沙具，在沙盘上共同创作作品的过程。个人在团体沙盘中可以通过团体交流，将自己置于一个小型的社会群体中，进而可以触到自己的内心世界。

引导者介绍本次活动的主题是"我和我们"，同学们应带着主题进行这场奇妙之旅。请同学们静心体会，从这个微小的世界里体会"我"，我是怎样的？如何自处？观察"我们"，我与他人的关系是怎样的？我是如何与他人相处的？希望通过今天的体验活动，促进自我了解，觉察人际交往的边界，促进我与他人的联结。

在走近沙盘之前，为了更好地保证同学们的体验感，还需要强调三点。第一，沙盘游戏中会涉及成员的无意识，为了让无意识部分更好地呈现，请将手机调成静音并放置在一旁，全过程中不看手机；第二，除了分享之外所有的时间成员们保持安静不要讲话；第三，对沙盘游戏中成员分享的内容进行保密。

接下来请同学们观察一下面对的沙盘，是长方形的，大家可以用手拨开沙子，能看到底面和内框的四边都是蓝色，寓意天空或海洋。

因班级同学已经相处四个多月，相互之间比较熟悉，因而没有进行自我介绍。如果是相互不熟悉的团体，建议在活动开始前，先相互认识一下，可以采用取别名的方式；参与的成员给自己取一个别名，并用一分钟的时间向其他同学介绍为什么取这个名称，以增进关系，为后面的沙盘游戏做好铺垫。

（2）引导者带领大家感受沙子。播放舒缓的音乐，伴随着音乐，引导者请各位同学伸出双手，可以触摸和感受一下沙盘里的沙子，可以抓、握，打开，抚平（此处停顿一下，大概半分钟的时间），大家感受好以后需要把沙子抚平，尽可能平整，为摆放沙具做好准备。

### 2. 引导者介绍游戏规则

（1）一共进行4轮，完成一个沙盘；尽量采用奇数，比如5人或是3人围坐在一个沙盘旁边，方便出现不同意见的时候进行投票。

（2）抽签，每人抽中一个数字，按数字顺序完成操作（摆沙具或做沙子造型），第1轮从1号开始，第2轮从2号开始……以此类推。

（3）每人每轮只能拿一个沙具（或密切相关的一组沙具，如一套桌椅，一套茶具等，同类型不超过小拇指长度的沙具，最多能选3个，如小石头等，且两者之间的摆放距离不得超过一拳），或做一个造型（如挖河、湖、堆山等）；第一轮不建议做造型，如开湖。后面几轮如果想做造型，可以不选沙具，不选沙具的同学也建议跟其他同学一起到沙盘架子旁边走走看看。

（4）当所有成员选择好沙具回到自己的位置之后，才可以按照顺序完成操作。

（5）在每一轮操作后，团体一起感受沙盘的画面并逐个分享拿沙具或做造型的原因。

（6）每位成员都可以提出对画面做出改动的想法，但限于时间，每人最多提出一次。

（7）当有成员希望对画面做出调整（如挪动沙具或改变已有造型）时，引导师首先要询问原动作发起人，希望对画面调整的成员描述希望改动的理由，并说出如何改动，原动作发起人表达自己的态度："否认""接纳"或者是不同的改动意见。其他成员讨论，表态，根据少数服从多数的原则（举手表决），决定是否改动。

（8）对画面做出改动时，如果需要挪动沙具或改变沙子的造型，成员只能选择对当轮的操作进行调整。

（9）挑选沙具和摆放沙具的过程中成员彼此之间不能够进行任何形式的交流。

（10）成员在完成沙盘时，不对沙盘的画面做意识化、故事性的叙述。

### 3. 进行沙盘操作

在这个过程中，引导者的任务是陪伴和守护，维护沙盘游戏的进行，引导旁观者表达，每一轮，按照选取—操作—分享—调整—讨论的过程进行，并对以下几点进行提醒。

（1）取沙具和摆放的过程中，成员应保持安静，不讲话，不相互交流。

（2）提醒成员在讨论调整的过程中需要征求全体成员的意见，出现意见分歧时进行投票，采用少数服从多数的原则。

### 4. 进行活动总结

进行四轮后，活动进入总结收尾环节，引导者邀请成员完成以下事项：

（1）请小组成员给自己的沙盘取一个名称（根据现场用时情况而定，非必要）。

（2）请成员们围绕沙盘顺时针走一走（建议至少走一圈），选择一个自己最舒服的角度站定。

（3）请成员们分享自己的感受和看法。

（4）请成员们坐下并推选一名代表介绍自己小组的沙盘，其他组的成员可以围观。

引导者进行总结："在沙盘游戏过程中你有没有觉得每个人都是独一无二的？有没有勇敢地去表达自己？有没有感受到被侵入和被挑战？最后，有没有感觉到融入、接纳和理解呢？在沙盘中呈现出来的是不是在你的生活中也会出现呢？今天进行的沙盘游戏是有规则的，像一个浓缩的小社会，有规则、有挑战，有自我思考、也有人际互动，在这个过程中请大家体会一下今天的主题'我和我们的故事'，感受一下整个游戏过程中的'我'和'我们'。"

### 5. 进行活动反馈

请各位成员填写活动自评表、活动感想反馈卡，然后交给引导者。

## 效果评估

本次沙盘游戏用时 1 小时 20 分钟，每一轮大概 10 分钟，活动进行得完整、顺利，同学们饶有兴致，在活动过程中讨论热烈，并展现出关系的张力。

### 1. "星球大战"组

本组成员共有四人，其中一名女生、三名男生。成员中，男生拿的沙具是绿树、瞭望塔、大兵、航空火箭、外星人、坦克、豌豆射手、破碎的头骨、城堡、阿凡提、桥、绿巨人，女生拿的沙具是房子、女孩、女巫、狮子。最后的画面呈现如图 19.1 所示。

**图 19.1 沙盘呈现的画面（1）**

分享"你最喜欢的角度与自己的位置有无变化，喜欢这个角度的原因以及活动感受"时，1 号同学表示角度没变化，可以有十分有趣的视觉体验，感到有趣，有创造性和挑战性；2 号同学表示角度没变化，可以看得更直观，表示太好玩了；3 号同学表示角度也无变化，感觉很和谐，表示很棒、很有趣；4 号同学表示角度也没有变化，因为符合自己的想象，表示可以将自己的想象表现出来，有些不太寻常。

在活动自评表的各项维度中（分正向和负向两个方面，正、负得分最高 5 分，下同），可以得出 2 号和 3 号同学的体验度非常好，正向得分分值较高，从每项得分情况来看，普遍较好，通过体验活动，所有成员均能够更开放、更包容，更容易理解别人。

### 2. "当代大学生的生活与梦想"组

本组成员共有五人，均为男生，拿的沙具是树、假山、滑梯、船、风车、垃圾箱、小女孩、小男孩、看书的人、医生、小狗、章鱼、零食等，进行了造湖的创作。最后的画面呈现如图 19.2 所示。

**图 19.2　沙盘呈现的画面（2）**

　　分享"你最喜欢的角度与自己的位置有无变化，喜欢这个角度的原因以及活动感受"时，1 号同学表示角度有变化，可以看到梦想的部分，在活动过程中同伴们想法一致，感到和谐，很有默契；2 号同学表示角度没有变化，因为这个角度可以看到很和谐很自然的一幅场景，挺好的，感受是大家都能一起营造一个场景，很团结；3 号同学表示角度无变化，因为梦想的视角广一些，感到沙盘很好玩，大家比较有默契；4 号同学表示角度有变化，换了角度后看起来更舒服，更符合沙盘主题，活动的感受是大家在一起建设时很开心很和谐，都在为了建一个符合大家预期的沙盘而去选择道具；5 号同学表示角度没有变化，因为可以看清梦想，不用看现实，感到大家的想法可以走到一起，提高了团队合作能力，心里很平静。

　　在活动自评表的各项维度中，可以看出 1 号、4 号和 5 号同学的体验度好，特别是 5 号同学，体验度特别好。从每项得分情况来看，普遍较好，五位成员均表示喜欢这样的活动，也比较信赖别人。

　　3. "全球现状"组

　　本组成员共有五人，均为男生，拿的沙具是树、桥、火箭、坦克、长城、石头、彩虹、魔方、假山；并用蜘蛛、大猩猩、蜘蛛侠、鸭子、乌鸦、汉堡、酒水等，进行了挖河的创作。最后的画面呈现如图 19.3 所示。

**图 19.3　沙盘呈现的画面（3）**

分享"你最喜欢的角度与自己的位置有无变化，喜欢这个角度的原因以及活动感受"时，1号同学表示没有变化，感到团队间的交流挺有趣的；2号同学表示有变化，可以全面拍摄，觉得好玩；3号同学表示没有变化，因为全部可以看到，没有遮挡，感到有内鬼（内鬼是指妨碍自己在沙盘中心意表达的队友）；4号同学表示有变化，可以纵观全局，活动的感受是沙盘游戏体现了同学们的性格和追求的东西；5号同学表示没有变化，可以尽览全局，感到活动过程中充满乐趣，有挑战性，特别是有内鬼。

在活动自评表的各项维度中，可以看出4号同学的体验度特别好，在活动过程中1号同学和3号同学有冲突，1号同学在第一局就拿了一个蜘蛛，表示想看看别人的反应，3号同学提出把蜘蛛埋掉，1号同学在责任感维度有负向得分，3号同学在拒绝和帮助维度有负向得分，但在喜欢这样的活动维度得分最高。

总体来看，"当代大学生的生活与梦想"组成员在游戏过程中表现得默契、和谐，整体体验度好，"全球现状"组在游戏过程中有冲突，体验反馈中也印证了冲突。且只有两位同学在两个维度上有负向得分，其他得分均为正向，活动整体效果较好，成员体验度普遍较好。活动结束时，同学们纷纷进行了活动的反馈，A同学说："几位同学一起，共同完成了一件事情，感觉不一样，比以前亲密了许多。"B同学说："活动主题很好，有助于帮助自己窥探内心，帮助自己反思和进行纵向的比较，提供了一个了解班级同学的机会，平时话说得不少，但好像都是些没有营养的话。另外，能看到每一个人选的沙具，这些沙具对自己的性格、心理都有很好的展示，能够在游戏过程中和实际的生活中更多照顾别人的情绪。还有助于更好地促进与班级同学的关系，能看到别人和我不一样，在接受差异的同时就已经有帮助了，认识差异本身就有意义。"C同学说："感觉到了有些很明显的象征，比如能看到大家每一轮选的沙具是什么，还有不同的摆放，心理状态是怎样的还是感觉挺明显的。"D同学说："活动很有意思，作为团队在众多可以选择的沙具中选出自己想要的并进行了创造，而且选的都是适合自己的，自己喜欢的，感觉很好。虽然中间产生了问题的分歧，不过能够很好地沟通和处理。"

活动结束后，对于得分低的同学，带领者进行了沙盘画面的复盘和访谈，E同学反馈说其在无责任感和有责任感的维度打"－1"分，是因为其本身就是一个较为被动内向的人，沙盘游戏过程中其他同学积极主动，有一位同学会把控时间，照顾别人的感受，让其感受到自己在沙盘游戏过程中太过于被动，感受到自己对于小团体中的责任感不够。F同学反馈说在拒绝别人和接纳别人的维度打"－1"分，基于在沙盘游戏开始的时候大家都伸出手摸沙子，但是他不愿意触摸，后来跟着同学们一起摸了沙子，感觉还是不太舒服，带着这种不舒服的感觉，在交流的过程中，自己拿的沙具也不太愿意与别人分享。活动结束后他意识到自己更多还是习惯去拒绝别人。辅导员与这两位同学又进行了较为深入的交流，建议他们自我判断目前有无较为严重的困扰，困扰有没有对现实的学习、生活产生严重的影响，如果有的话可以预约个体咨询解决自己的困扰。

通过对活动结束后的测试分析和同学们的主观反馈，辅导员对同学们的了解更为深入，发现有些同学通过沙盘游戏有非常多的积极体验和感受，也发现有些同学可能不太适合参加团体沙盘游戏，会带给他们某些创伤体验。辅导员对团体沙盘游戏的效果有了更清晰的认识，对于再开展此类活动积累了经验并有了更完善的做法。

## 案例启示

团体沙盘游戏体验与高校思想政治教育工作的融合是对当前思想政治教育有效方式的一种新尝试，能够体现出隐性和显性的思想政治教育效果，这对不断探索高校思想政治教育创新模式具有积极的启示作用。

### 1. 采用寓教于乐的创新形式，打造育人特色

游戏的方式能够引发同学们的兴趣，在游戏的过程中同学们较为放松，进入无意识状态，达到沉浸式体验的目的。本案例设计了"我和我们的故事"这一主题，这样的沙盘游戏体验活动的特色在于可以思考把思想政治教育工作融入团体沙盘游戏体验中。例如可以通过多样化的主题设置，比如理想信念、生命价值观、人际交往、职业生涯规划、考试焦虑、社交焦虑等主题，引导学生在沙盘体验中更客观地认识自己和他人，学会理解他人和换位思考。

### 2. 运用潜移默化的心理投射，提升心理健康水平

大学生正在经历一个迅速走向成熟却未真正成熟的阶段，于是矛盾与冲突便会经常困扰他们。面临这些心理问题时，他们可能会与老师有距离感，不愿找老师倾诉，

对心理咨询没有正确的认识而不愿接受心理咨询。其实大学生非常需要有表达的机会。团体沙盘游戏能够为大学生提供一个充满团体成员支持的、创造性的、自由与受保护的心理空间帮助他们排解压力。游戏的情境和形式本身能够帮助大学生宣泄内在心理冲突，缓解心理压力。沙盘的投射性能帮助大学生更全面地认识自我，理解他人的内在心理状态，而团体活动的形式给大学生带来更多相互沟通、互助互利的机会。这对于疏导情绪、改善认知、塑造健康人格、增强自信心、培养学生合作意识及提高心理健康水平等，都具有积极的影响。

### 3. 走近学生发现问题，为开展学生工作创造契机

作为具有沙盘游戏引导师资质的辅导员，在开展沙盘游戏过程中，可以仔细观察到每一位同学的表现和反应：有的同学进入沙盘室就表现得特别好奇，迫不及待地去摸沙子，玩沙子，观察沙具；有的同学会表现得有些防御和隔离，比如不愿用手碰触沙子，挑选沙具的时候比较随意，不愿多观察和尝试。在游戏过程中，同学们展现出了不同的性格特点：有的同学会表现得比较有攻击性，比如拿有攻击性的动物，蜘蛛、大猩猩；有的同学比较随大流，缺乏主见；有的同学控制欲比较强，喜欢占主导地位；有的沉默，有的亢奋；有的压抑情绪，有的释放天性。辅导员可以结合学生学习和日常生活中的表现，有重点地关注和帮助这些同学。

### 4. 形成可复制的工作模式，促进沙盘游戏活动在辅导员群体中的推广应用

本案例中开展的沙盘游戏活动，只是进行游戏引导，重点在于让学生体验，用沙盘游戏的方式催化个体的团结与协作，让学生体会到团体的内部力量，将沙盘世界与现实世界有机地联系起来，促使学生对现实困扰的认知与思考。由于不是心理治疗，辅导员在引导完成后可以不进行沙盘分析，因此开展的难度不大；对此感兴趣的辅导员可以参加相关的培训和学习，依托校心理中心、学工部的平台和资源，建立沙盘游戏室，尝试和探索团体沙盘游戏活动，不断积累经验，创新心理健康教育和思想政治工作新方法。

**新生破冰类一次性团体心理辅导**
——针对新生群体的班级团体辅导活动

### 案例概述

从高中步入大学，面对陌生的环境和许多的第一次，大一新生不可避免地需要去应对一些适应性的问题，建立新的人际关系就是其中很重要的一个部分。新生一方面会产生害羞、疑惑、忐忑等心理，另一方面也有认识新同学、增进友谊的期待。

团体心理辅导活动是高校学生工作者从事思想教育工作的创新形式，以"破冰"为主题的新生团体辅导活动，通过游戏活动让同学相互接触、增进了解、调动气氛，旨在帮助新生尽快适应大学生活，融入集体环境，增进同学间的了解与信任程度，可以极大地提高新生的适应力和心理健康水平。同时，从班级建设方面来看，新生团体辅导是以班级为单位，引导学生"知"班级，强调"暖"班级，最终"凝"班级，有利于营造温馨班级氛围，增强班级的集体凝聚力和向心力。

### 实施过程

**1. 实施对象**

大一新生班级或者团体形成初期。

**2. 实施时间**

新生入学初期或者团体形成初期。

**3. 团体方案**

破冰篇：大树与松鼠

（1）**活动目的：**通过游戏中的互动接触来增进了解，让同学间尽快消除陌生感，熟悉起来。

（2）**活动流程：**

①事先分组，三人为一组。两人扮大树，面对对方，伸出双手搭成一个圆圈；一人扮松鼠，并站在圆圈中间；领导者或其他没成对的学员担任临时人员。

②领导者喊"松鼠"，大树不动，扮演"松鼠"的人就必须离开原来的大树，重新选择其他的大树；领导者或临时人员就临时扮演松鼠并进入大树当中，落单的人应表演节目。

③领导者喊"大树"，松鼠不动，扮演"大树"的人就必须离开原先的同伴重新组

合成一对大树，并圈住松鼠，领导者或临时人员就应临时扮演大树，落单的人应表演节目。

④领导者喊"地震"，扮演大树和松鼠的人全部打散并重新组合，扮演大树的人也可扮演松鼠，扮演松鼠的人也可扮演大树，领导者或临时人员亦插入队伍当中，可扮演松鼠也可扮演大树，落单的人应接受惩罚，表演节目。

（3）**注意事项：**

①只要打破了原有的陌生感、活跃了气氛，该游戏即可停止。

②领导者或助手可以参与到活动中，要注意每轮游戏结束后必有一个人落单。

③破冰活动不要消耗太多时间，达到破冰的目的即可。

（4）**参考指导语：** 新的学期，大家迎来了新的同学。面对一张张新面孔，同学们感到很陌生。为了同一个梦想我们走到了一起。为了帮助大家和更多的同学产生互动，我们来做一个暖身游戏，叫作"大树与松鼠"。游戏规则是这样的……为了帮助大家更好地理解规则，下面我们先演习一遍，然后进入正式的游戏中，好吗？

破冰篇：一元钱、两元钱

（1）**活动目的：** 消除同学间因性别差异而产生的隔阂，通过肢体接触使同学间关系更加密切，达到破冰的目的。

（2）**活动流程：**

①根据男女同学人数的不同，如果男生的人数多于女生，女生就当"2元钱"而男生则是"1元钱"；如果女生的人数多于男生，女生就当"1元钱"而男生则是"2元钱"。

②领导者随机报金额。根据领导者说出的金额，所有同学组成相应的数字，没组成符合要求的数字的，均被淘汰。比如，领导者说7元钱，一个小组中所有人的面值加起来应该是7元钱，没有组成该小组的同学将被淘汰。

③剩下的人继续组合，直到剩余4~5人时，游戏结束，可以给留下来的同学颁发奖品。

（3）**参考指导语：** 下面我们来玩一个"一元钱、两元钱"的游戏，活动规则是这样的……大家听明白这个规则了吗？接下来，请大家听我的指示做。

认识篇：姓名滚雪球

（1）**活动目的：** 尽快地让同学间相互接触、熟悉，消除同学间的陌生感，记住班级同学的名字。

（2）**活动流程：**

①事先分组，6~12人一组。每组围成一个圈。

②如第一个同学先开始做自我介绍，大概内容是，我是喜欢绘画的某某，而下一个同学要立刻接下去说，我是喜欢绘画的某某旁边的喜欢什么的某某某。以此类推，一圈说完，到原来第一位同学这里结束。这就叫作滚雪球了。

③领导者随机指定一位同学开始，并提醒小组成员一定要注意听，并要用脑记，如果中间卡壳的话，可以请其他同学一起帮忙完成。忘记的同学应表演一个节目作为惩罚。

（3）**参考指导语：**刚才做完前面的暖身游戏后，我们发现原来咱们的同学都如此有趣，那同学们都叫什么名字，来自哪里，有什么爱好呢？大家是不是很期待认识其他的同学呢？接下来我们玩的这个游戏叫作"姓名滚雪球"。考验大家记忆力的时刻到了，活动规则是这样的……大家明白这个规则了吗？接下来，请大家听我的指示做。

信任篇：盲人旅行

（1）**活动目的：**

①通过"盲人"与"拐棍"角色的体验，让学生理解自助与他助同等重要。

②让学生感受信任与被信任、爱与被爱的幸福与快乐。

（2）**活动时间：**大约 40 分钟。

（3）**活动道具：**眼罩若干个。

（4）**活动步骤：**

①两人一组，一人扮演盲人，一人扮演哑巴，盲人需要在哑巴的指导下跨过重重障碍，到达指定地点。如果时间充足，盲人和哑巴可以交换角色重新体验。

②分享：在不同情况下，扮演不同角色的感受。

注意：活动期间盲人不能取下眼罩，哑巴不能说话；障碍会随意变动。

（5）**参考指导语：**刚才我们做完"姓名滚雪球"这一暖身游戏后，相信大家对彼此有了一定的了解，为了考验大家的默契和配合能力，让大家感受信任与被信任，下面我们玩一个"盲人旅行"的游戏，活动规则是这样的……大家听明白这个规则了吗？接下来，请大家听我的指示做。

交流篇：爱在指间

（1）**活动目的：**让同学彼此了解和熟悉，产生情感上的交流。

（2）**活动道具：**无。

（3）**活动步骤：**

①将团体成员分成人数相等的两组，一组成员围成一个内圈，再让另一组成员站在内圈同学的身后，围成一个外圈。内圈成员背向圆心，外圈同学面向圆心，即内外圈的成员两两相视而站。成员在领导者口令的指挥下，做出相应的动作。

②当领导者发出"手势"的口令时，每个成员向对方伸出 1～3 个手指。

伸出 1 个手指表示"我愿意初步认识你，并和你做个点头之交的朋友"。

伸出 2 个手指表示"我很高兴认识你，并想对你有进一步的了解，和你做个普通朋友"。

伸出 3 个手指表示"我很喜欢你，很想和你做好朋友，与你一起分享快乐和痛苦"。

③当领导者发出"动作"的口令时，成员就按下列规则做出相应的动作。

如果两人伸出的手指不一样，则站着不动，什么动作都不需要做。

如果两个人都伸出1个手指，那么各自把脸转向自己的右边，并重重地跺一下脚。

如果两个人都伸出2个手指，那么微笑着向对方点点头。

如果两个人都伸出3个手指，那么主动热情地握住对方的双手。

如果两个人都伸出4个手指，则热情地拥抱对方。

④每做完一组"手势—动作"的口令，外圈的成员就分别向右跨一步，和下一个成员面对面地站立，跟随领导者的口令做出相应的手势和动作。以此类推，直到外圈的同学和内圈的同学都完成一组"手势—动作"口令为止。

⑤领导者引导成员进行经验分享。

各成员回忆刚才自己做了几个动作，握手和拥抱的亲密动作各完成了几个，为什么能完成这么多（或为什么只完成了这么少）的亲密动作？

当你看到别人伸出的手指比你多时，你心中的感觉是怎样的？当你伸出的手指比别人多时，心中的感觉又是怎样的？从这个游戏中你得到了什么启示？

（4）**参考指导语：**在人际交往中，我们有一个共同的倾向——希望别人能承认自己的价值，支持自己；接纳自己，喜欢自己。但是任何人都不会无缘无故地喜欢我们、接纳我们。别人喜欢我们也是有前提的，那就是我们也要喜欢他们，承认他们的价值。也就是说人际交往中喜欢与讨厌、接近与疏远是相互的。一般而言，喜欢我们的人，我们才会去喜欢他，愿意接近我们的人，我们才会去接近他；而对于疏远、厌恶我们的人，我们也会疏远或厌恶他。因此在人际交往中，应遵循交互原则。对于交往的对象，我们应首先主动敞开心扉，接纳、肯定、支持、喜欢他们，保持在人际关系的主动地位，这样别人才会接纳、肯定、支持、喜欢我们。

团队合作篇：坐地起身

（1）**活动目的：**加强团队成员之间的配合，让大家明白合作的重要性。

（2）**项目类型：**团队合作型。

（3）**道具要求：**无其他道具。

（4）**场地要求：**空旷的场地一块。

（5）**项目时间：**20～30分钟。

（6）**活动规则：**

①要求4个人一组，围成一圈，背对背地坐在地上。

②在不用手撑地的情况下站起来。

③随后依次增加人数，每次增加2人，直至10人。

④在此过程中，领导者要引导同学坚持、坚持、再坚持，因为成功往往就是再坚持一下。

⑤分享感想。

（7）**参考指导语：**经过上一轮的游戏，我对同学之间的默契和配合能力刮目相看，很少有班级能有你们这样的水平，相信你们对相互信任也有了一定认识。谈到信任，就不能不提合作了。没有信任就没有成功的合作。毕竟今后班级各种活动的开展，离不开大家的积极参与。下面我们玩一个"坐地起身"的游戏，活动规则是这样的……大家听明白这个规则了吗？接下来，请大家听我的指示做。

**自信篇：优点轰炸**

（1）**活动目的：**通过寻找自己的优点，从而增强自己的自信心。

（2）**活动规则：**①让学生发现自己更多的优点，找到自信的依据，建立理性的自信系统。寻宝方式：我开始喜欢我自己，因为……

②寻宝要求：必须实事求是；必须是自己的优点或特长，也可以是自己的进步；每个人至少找到自己的 5 个珍宝。

③优点轰炸。小组成员轮流坐到中央，其他成员从他身上找特别的地方，然后用发自内心的语言赞美他。

④团体分享：当别人赞美你时，你的感觉如何？你赞美别人时，通常赞美哪些地方？你能给所有的人不同的赞美吗？你在赞美别人时，感到自然吗？为什么会这样？是否有一些优点是自己以前没有意识到的？是否加强了对自身优点和长处的认识？

⑤总结：每个人都是独立的个体，每个人身上都有属于自己的独特的优点，充分认识自身的优点，寻找自信的支点，开发自身的潜能，在认识自我的基础上悦纳自我。大学给同学们提供了一个平台，在此平台上同学们可以激发自己的潜能，增加自信心，更好地认知自我。

（3）**参考指导语：**在我们的学习、生活或工作中，团队合作不可或缺，相信同学们在刚刚做的活动中已经明白合作的重要性。那么我想说的是，在团队中，除了合作，个人能力的发挥也是相当重要的。下面我们来互相伤害吧，哦，不好意思说错了，应该是互相赞美，活动叫作"优点轰炸"。活动规则如下……如果大家有不明白的地方，请及时提出。

## 🔍 效果评估

### 1. 整体评估

心理中心专职教师：整期活动由浅入深，寓教于乐，张弛有度。学生们通过破冰类游戏，打破了内心的界限。学生们体验到了集体的温暖和关怀，开始融入这个班级。

辅导员：同学们的积极反馈和留言让我们也感到愉悦和开心，收获了满满的感动。师生们的友好互动给我们带来了美好的体验，留下了值得珍藏的回忆。

### 2. 成员反馈

A同学：感受到团体在一起互相了解的乐趣，挺有意义的活动。

B同学：让我们更懂得团结的重要，遇到困难要冷静，耐心解决，生活中琐碎和烦心的事情要一步一步地解决。

　　C同学：很开心，很治愈。

　　D同学：感觉很好，很有趣，同学们都很友好。

　　E同学：认识新同学真好。

　　F同学：交了很多朋友，活动很棒。

　　G同学：不错，很有意义，赞！

　　胡风：缓解了紧张的心情，活动特别好！

　　I同学：我很高兴，感受到了大家庭的温暖。

　　G同学：我很高兴，认识了很多"新"学生。

　　K同学：我觉得我们不再像一开始那样僵化，而是作为一个整体。

　　L同学：我很高兴认识了班上所有的学生。

　　M同学：我积极参与了活动，感觉非常好。

### 案例启示

　　学校团体心理辅导是一个鼓励学生通过观察、学习和体验，了解和接受自己的过程，它可以通过促进团体辅导对象之间的互动，使学生学习新的态度和行为，从而改善人际关系。一般来说，新生入学后会开展破冰适应的团体辅导，由大学生心理咨询中心的专业教师或高校辅导员在心理健康教育课或班会上进行。通过实践，我们发现，在新生中开展破冰适应性的团体辅导活动可以促进新生尽快适应大学的学习和生活，具体体现在以下几个方面。

**1. 团体辅导可以提高新生适应新环境的能力**

　　大学新生破冰适应团体辅导不仅能缩短大学新生的适应时间，也可以提高他们的适应能力。通过团体心理辅导，大学新生可以更清楚地了解自我、探索自我、提高自我，还可以充分发挥自身的长处，弥补自身的弱点，不断提高自己在大学的学习和生活水平。这不仅是一个成长的过程，也是一个美好的经历。成员之间的交流与合作，大大缩短了他们的适应期，为他们开始新的大学生活奠定了基础和明确了方向。通过建立完善的辅导体系，学生工作者营造温馨的团体氛围，鼓励每个班级成员参与分享和交流，帮助学生适应大学生活，快速融入班级，了解班级学生，增进同学间的友谊，建立良好的人际关系，促进学生获得班级的支持和温暖。

**2. 团体辅导可以创造一个轻松愉快的环境**

　　经过团体辅导，学生们重新审视了课堂的感受，加强了学生之间的友谊联系，并逐渐变得愿意分享和倾听。参加活动的学生这样描述自己的感受："我很高兴，感受到了大家庭的温暖"，"我很高兴，认识了很多'新'学生"，"我觉得我们不再像一开始那样僵化，而是作为一个整体"，"我很高兴认识了班上所有的学生"，"我积极参与了活动，感觉非常好"等。团体辅导给新生更多的归属感和亲密感。许多学生面临第一次离家的孤独，第一次集体生活的陌生，第一次独立生活的不适。通过团体辅导，许多学生在模拟的社会环境和特定的契约下，真诚地表达自己，接受他人，发现共同的心理问题，找到共同的话题，不再感到孤独。

### 3. 团体辅导可以提高新生的人际交往能力

人际交往是个体适应环境、适应社会生活、承担社会角色、形成健全人格的基本途径。心理学家沙赫特（S. Schachter）通过心理学实验发现，人在感到孤独和焦虑时，与他人进行沟通和交流可以减少不良情绪。团体辅导为新生提供了一个相互沟通的平台。新生可以在开放和信任的氛围中仔细观察、体验、交谈和模仿。他们会发现每个人都有相似的感受、经历并容易沟通，所以他们不会感到孤独。团体辅导通过非正式角色扮演、游戏、分享讨论等环节，有助于新生反思自卑、依赖、愤怒、固执等不良情绪，形成积极的社会沟通品质。

### 4. 团体辅导可以缓解学生的害羞情绪、激发学生的自信心

心理学家埃里克森（E. Erikson）认为，18～22岁是自我认同形成的关键时期，它影响大学生健全人格的形成。团体辅导能有效缓解大学新生的紧张和害羞情绪。新生入学后，面对新的生活，他们会有更大的心理压力。团体心理辅导通过引导新生发觉周围同学的优点，让新生畅所欲言，同时也能发现自己的优点，从而消除他们的顾虑，减轻面对新环境的压力。在活动中，大学新生学会欣赏他人，悦纳自己，从而增强自信心，有效缓解刚入学的紧张感和焦虑感。

### 5. 团体辅导可以提高大学班集体的团队合作意识、增强班级凝聚力

团体辅导通过团队内部的人际沟通、观察、学习、体验、调整和改善与他人的关系，能培养新的态度和行为，从而促进良好的人际适应。大学新生可以通过参与活动，尽快了解他人，展示自己，在团队中赢得信任和认可。团体辅导活动结束后，越来越多的学生开始关注班级发展，逐步树立班级合作精神，希望积极融入班级，营造健康积极的班级氛围，构建更加团结的班级。团体辅导后，班级日常活动的参与率大大提高，班委组织活动的难度降低，越来越多的学生愿意为集体做出贡献。

### 6. 团体辅导可以与思想政治教育相结合

通过团体辅导活动，模拟社会环境，引导学生参与、交流、反思和改变。有研究表明，思想政治教育与团体咨询的有机结合，可以有效地增强思想政治教育的吸引力。如今，学生具有强烈的个性特点，传统的理论灌输方法越来越不适合学生的需要和思想政治教育的需要。通过团体辅导活动，同学们可以交流思想和感情，这有助于提高他们参与课堂活动和自我教育的积极性。从事学生一线工作的辅导员具有丰富的管理和教育经验，通过参与新生的团体辅导，可以加深和加快辅导员对学生的了解和认识。

综上所述，新生破冰类团体辅导可以缓解学生不良情绪，提高学生的人际交往能力，帮助新生适应新的学习和生活，为美好的大学生活打下坚实的基础，同时也为辅导员开展思想政治教育工作提供了有利途径。

## 案例 21　疫情防控期间大学生人际关系成长团体辅导

### 案例概述

著名心理学家阿德勒（A. Adler）曾说过："一切心理问题，都是人际关系的问题。"促进人际关系和谐是大学生提升心理健康水平的重要途径。大学生对社交活动需求度高，渴望建立良好的社交圈，人际交往和同伴关系对其发展具有独特和重要的价值。但由于社会阅历较浅，客观条件限制，信息全球化带来的价值观多元和手机成瘾等问题，在大学生活中，大学生往往倾向于以自我为中心，强调个性和独特性，人际边界感明显，表面上能全面周到地处理问题，实际上乐群性低、喜欢独处、共情能力低、沟通能力差，有时候会导致人际冲突和矛盾很难调解，出现一定程度的人际交往障碍。

马川通过对两万名"00后"大学生的心理健康筛查量表（UPI）、心理健康调查表（PHI）的数据结合心理咨询实际案例的调查研究表明，"00后"大学生位居前三位的心理问题是强迫倾向、人际敏感和焦虑情绪。[①]而疫情又改变了以往通过物理距离的接近，如聚会、走家串户的人际沟通方式，变成了网上聊天、娱乐沟通的云交往模式。虽然云交往模式加快了信息交换，提供了一定的人际支持，但也加深了"00后"这一代网络原住民更严重的人际交往障碍，成为典型的"网上段子手，现实沉默者"。疫情封控期间现实互动的缺乏，使出现人际关系困扰的大学生难以适应团体生活，不能很好地融入团体生活中。

樊富珉的研究表明，团体辅导依托团体内人际交往过程中不同个体之间的交互作用，促进学生在人际交往中摸索观察和学习体验，从而形成认识自我、接纳自我，最后完善自我的良性循环过程，调整人际交往认知、提升人际交往能力、改善人际关系，最后塑造良好的交往行为，促进人际关系的良好适应。[②]因此，良好的人际互动团体有利于大学生及时地宣泄负性情绪、化解由于疫情带来的负面能量，建立并维持阳光乐观、积极进取的正能量，有利于促进大学生的身心健康发展，促使参与团体辅导的成员认知和行为发生变化和发展，最后达到预期的干预目的。

---

① 马川."00后"大学生心理健康水平的实证研究——基于近两万名2018级大一学生的数据分析 [J]. 思想理论教育，2019（3）：97.

② 樊富珉. 我国团体心理咨询的发展：回顾和展望 [J]. 清华大学学报（哲学社会科学版），2005（6）：62.

⏱ **实施过程**

### 1. 团体辅导活动的目的

本次人际关系成长团体辅导项目在带领老师的引导下，从建立团队到自我认识及对他人的认知的基础上，建立人际支持的氛围，从人际边界、人际沟通技巧、信任与支持等人际交往的主要问题出发，帮助成员习得人际交往的技巧，通过团队合作与分享，最后形成和谐的人际交往氛围，从而在日常学习和生活中促进人际关系和谐，有效提高人际交往能力，重新建构疫情防控期间大学生的人际关系。

### 2. 团体设置及入组筛选

大学生人际关系成长团体辅导共开展 8 周，每周 1 次，每次 3 课时（120 分钟）。辅导方案从困扰大学生人际交往的原因和认知问题入手，含 8 个单元，共 26 个主题活动。

本团体辅导面向全体大学新生招募，在学生自愿参加的基础上，通过心理测评和入组访谈，筛选出 60 名存在人际交往困扰，有意愿提高人际交往能力的学生，其中 30 人作为干预实验组，以团体辅导的形式开展干预训练，作为团体活动的第一批成员；另 30 人作为对照组，作为团体活动的第二批成员，在第一批中不参与团体辅导训练。

入组标准：

（1）症状自评量表（SCL-90）测量结果显示人际关系敏感因子总分大于 27 分。

（2）人际关系综合诊断量表（郑日昌编制）结果得分不小于 9 分。

（3）总体特征：个体身体健康、精神状态正常、无明显心理障碍，愿意全程参加，且有主动改善人际关系现状的意愿。

（4）对团体辅导知情同意且签署知情同意书。

### 3. 团体方案的设计与实施

（1）团体方案的设计原理参考如下三个理论。

①人际相互作用分析理论。艾律克·伯恩（Eric Berne）认为应通过成员之间的人际互动，建立良好的人际关系，解决人际困惑。人际关系团体辅导的过程就是通过学生之间的交往，增强沟通的效果，建立良好的人际关系来解决问题，因此，人际互动理论比较适合团体辅导。

②社会学习理论。班杜拉（A. Bandura）主张用直接或间接的学习来解释人的行为。社会学习理论为存在人际关系问题的学生提供了方法。人际关系团体辅导可以为具有不适应行为的学生提供充满关怀的环境，让他们通过模仿榜样来改变自身的不合理行为，发掘并实现自我潜能。

③团体动力理论。团体动力学将团体作为整体单元来探究。该理论重点探索个体、

群体和团体之间的关系。在人际关系团体辅导中有效的人际互动模式、行为决策等能提高成员的归属感和荣誉感，促进成员的成长发展。

大学生人际关系成长团体基于以上理论，在相对安全愉快的氛围里，成员内部通过人际互动，获得支持和帮助等积极情感体验，满足爱和归属的需要，同时，成员在团体中通过模仿榜样行为和自我探索，转换不合理信念和行为，提高社会适应力，开发自我潜能。

（2）团体方案的结构见图 21.1，团体单元设计大纲见表 21.1。

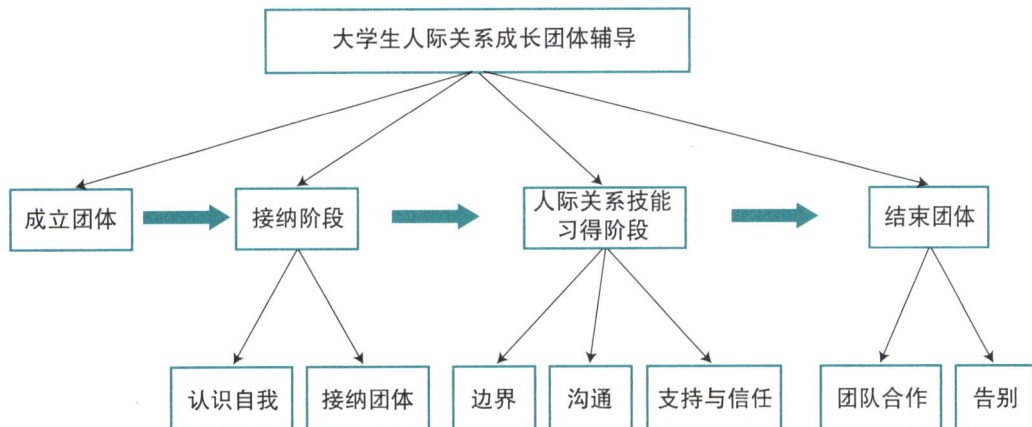

图 21.1　团体方案结构

表21.1　团体单元设计大纲

| 单元 | 单元目标 | 单元活动 |
| --- | --- | --- |
| 第一周<br>认识之旅 | 1. 团体成员彼此认识并初步了解<br>2. 组员对团体辅导和团队的情况进一步了解<br>3. 营造互相尊重的安全的团体氛围<br>4. 建立团体规范 | 1. 热身：脸卡自我介绍<br>2. 活动1：第一次亲密接触<br>3. 活动2：超级任务——瞬间亲和力<br>4. 活动3：订立团规<br>5. 结语 |
| 第二周<br>自我之旅 | 1. 帮助成员发现自己的人际特质<br>2. 促使成员通过思考受欢迎的人的特质并分享，进而学习人际沟通中较为受欢迎的特质<br>3. 增进信任感，彼此接纳 | 1. 热身：闭眼画<br>2. 活动1：人形图<br>3. 活动2：优点贴贴贴<br>4. 活动3：讨论：如果朋友圈有"踩"的功能，你最不能忍受的朋友行为是什么，你会如何应对？<br>5. 结语 |

续表

| 单元 | 单元目标 | 单元活动 |
|------|----------|----------|
| 第三周<br>同伴之旅 | 1. 学会同伴间的合作与支持<br>2. 促进成员间深入交流，塑造更好的人际交往氛围<br>3. 学会发现同伴与自己的不同之处，达成和谐共处 | 1. 热身：微笑握手<br>2. 活动1：我们的同与不同<br>3. 活动2：互动一笔画<br>4. 活动3：拼贴你的故事<br>5. 活动4：为你作画<br>6. 结语 |
| 第四周<br>边界之旅 | 1. 具象化人际边界的概念<br>2. 促使成员认识自己和他人的人际边界<br>3. 帮助成员更好地设立与人交往的边界 | 1. 热身：自由行走<br>2. 活动1：我认为的边界<br>3. 活动2：快慢节奏曲<br>4. 活动3：走近边界<br>5. 活动4：边界的再确认<br>6. 结语 |
| 第五周<br>沟通之旅 | 1. 帮助成员认识到每个人解决问题的方式不同，接纳差异<br>2. 帮助成员学会换位思考<br>3. 训练成员练习"我讯息"的沟通表达方式 | 1. 热身：进化论<br>2. 活动1：你画我猜<br>3. 活动2：我该救谁<br>4. 活动3：我讯息<br>5. 结语 |
| 第六周<br>支持之旅 | 1. 帮助成员回忆疫情过程中给予自己支持的经历<br>2. 通过共享其他成员的经历，丰富自己遇到问题后的处理经验<br>3. 帮助成员寻找人际沟通中的社会支持资源 | 1. 热身：OH卡故事接龙<br>2. 活动1：我生命中的ta<br>3. 活动2：一路有你<br>4. 活动3：生命之队<br>5. 结语<br>作业布置：人际通通乐 |
| 第七周<br>集体之旅 | 1. 增进团体气氛<br>2. 学习合作共事，通过团队协作，增加成员间相互信任<br>3. 巩固团队辅导效果，为团体辅导的结束做好铺垫 | 1. 热身：传字游戏<br>2. 活动1：凹凸的合作<br>3. 活动2：人际通通乐<br>4. 活动3：画笔的传递——团队轮流作画<br>5. 结语<br>作业布置：写匿名信 |
| 第八周<br>离别的歌 | 1. 统整团体收获的经验及处理成员的离别情绪<br>2. 成员互相回馈，结束团体辅导<br>3. 评估团体辅导的成果 | 1. 热身：按摩操<br>2. 活动1：朗读者<br>3. 活动2：礼物大放送<br>4. 活动3：未来我们一起的旅行<br>5. 填写回馈单和心理测量表<br>6. 结语 |

### 4. 各单元团体活动设计

第一次团体活动

**（1）活动名称：脸卡自我介绍**

活动目的：促进成员间相互认识，记住彼此的名字。

准备：脸卡。

具体操作：①由成员自主挑选脸卡，要求选择的脸卡必须和自己的某一点相似，比如，脸卡的颜色是自己喜欢的颜色，脸卡的脸和自己的脸型是一样的，脸卡的脸也戴着眼镜等。②成员选择好后，由成员按照顺时针方向逐一向大家介绍自己的姓名、专业、年级、来自哪里，为什么选择这张脸卡的原因，同时，教大家一句自己的家乡话。③教大家家乡话后，全体同学需要一起跟着学习。

**（2）活动名称：第一次亲密接触**

活动目的：加深成员间的认识，促使成员发挥主动性。

准备：超级访问单。

具体操作：①成员3人一组。②每人发放一张超级访问单（见表22.2），一组3人，互相访问，完成访问单，同时可以分享参与团体辅导过程中的疑问，带到大团体中由带领老师解答。③回到大团体中，每一位成员分享自己感受最深的部分。

表21.2　超级访问单

| 问题 | 同学1（本人） | 同学2 | 同学3 |
|---|---|---|---|
| 1. 用一句话来形容一下你自己 | | | |
| 2. 用一个词来形容一下"我" | | | |
| 3. 你觉得影响人际交往最重要的因素是什么？ | | | |
| 4. 你在课上最想做的一件事是什么？ | | | |
| 5. 第一次参加团体辅导的心情是什么？ | | | |
| 6. 你在八次团体辅导后最想收获什么？ | | | |

**（3）活动名称：超级任务**

活动目的：有意识地去结识团队中的成员，通过与人的面对面沟通，关系变得亲近，同时了解不同成员的特征。

准备：超级任务单——瞬间亲和力。

具体操作：①找到9位不同的成员，按照不同的任务要求完成相应的任务，同时要求对方签上名字（见表21.3）。②所有任务完成之后，回到大团体中，分享问题：完成哪一个任务的对象是给自己留下最深印象的，自己给别的成员的签字任务中，哪一个是自己印象最深／最喜欢的？

表21.3 超级任务单

| 1. 找一位你直觉当你需要协助时，他/她会是义无反顾帮助你的好伙伴，并向对方说明原因。<br>签名：_____ | 2. 找到一位能带来欢乐，一看到他/她就很愉快的人，并对对方说，你真的很棒啊！<br>签名：_____ | 3. 找到一位你觉得生活很充实、很有目标的伙伴，询问对方拥有丰富与有意义生活的秘诀是什么。<br>签名：_____ |
|---|---|---|
| 4. 找一位你愿意将心事说给他/她听，并且他/她也愿意听的伙伴，并向对方表示感谢！<br>签名：_____ | 5. 找到一位你觉得值得信赖的伙伴，彼此握一下手。<br><br>签名：_____ | 6. 找到一位你觉得他/她很有才干和智慧，做人做事成功，值得当榜样的伙伴，说出对方的三个优点。<br>签名：_____ |
| 7. 去找一位你可能还不是很熟，但你直觉他/她会成为你很好的朋友或伙伴，记下他/她的生日，并到时给对方一个祝贺。<br>签名：_____ | 8. 找到一位外貌很好，心地善良又有气质的伙伴，并给对方一句赞美。<br><br>签名：_____ | 9. 找到一个个性或者价值观和你很像的伙伴，约一个时间与对方一起吃饭或运动。<br><br>签名：_____ |
| 最佳男/女主角，就是你自己啦，请签上你的大名：_____ | | |

**（4）活动名称：订立团规**

活动目的：建立团体规范，增强团体意识。

准备：团体辅导契约书（见图21.2）。

具体操作：①说明订立团规的意义和目的。②带领者拿出事先写好的规范，念给成员听，如果成员可以做到就举手，做不到就不举手，并说明原因。③经过讨论后，再将大家最后都能同意和做到的规范进行修改，完成最终契约书，并请所有成员签上名字，表示遵守。④向成员说明每次进行团体辅导时，团规都会放在旁边，需要全体成员遵守。

# 人际关系团体心理辅导契约书

我自愿参加人际关系团体心理辅导课程，并保证遵守以下团体契约：

1.按时参加每次团体活动，不缺席、不迟到、不中途离开，因故不能到课，做到事前请假。

2.严格遵守保密原则，尊重其他成员个人经历和隐私权，不将在团体活动中了解到的信息外传。

3.与其他成员保持团结友爱的关系，不攻击、贬损任何成员，坦诚对待团体中的每一位成员，相互尊重、仔细倾听、分享经验，相互信赖，不随意打断别人的发言。

4.参加团体活动时集中注意力，不掩饰自己的真实情感，坦率真诚地与其他团体成员交流，促进自我及团体成员的不断成长。

5.积极服从、配合辅导教师和同伴的安排，广泛交流，避免只与自己喜欢的团体成员沟通。

成员签名：

时间： 年 月 日

**图 21.2 团体辅导契约书**

第二次团体活动

（1）**活动名称：闭眼画**

活动目的：帮助成员放松心情，同时自由地表达自己。

准备：素描纸（8开）、油画棒。

具体操作：要求成员在规定的时间内闭上眼睛随意画画。

（2）**活动名称：人形图**

活动目的：将有关自我的认知部分呈现在人形图上，帮助成员进行个人特质的整理和思考。

准备：素描纸（8开）、水彩笔（36色以上）、胶带。

具体操作：①要求成员选择一支水彩笔，画一个属于自己的人形图，要求尽可能地将自己的特质（外貌、性格、兴趣等）描述在人形图上。②完成后，将人形图贴于团体活动室的墙面或黑板上。③给其他成员的人形图手动添加"弹幕"，发布评语，但不得带有攻击性。④完成后，回到大团体中，分享问题：人形图上哪个部分是你最希望和他人分享的？别的成员的弹幕中有哪个部分是你感受最深的？有没有一些内容是你期望加入或者删减的？

（3）**活动名称：优点贴贴贴**

活动目的：促使成员通过思考受欢迎的人的特质并分享，进而学习人际关系中比较受欢迎的特质，同时通过人际互动，来增加成员个人的自信心。

准备：便利贴、普通铅笔。

具体操作：①每个成员拿到18张便利贴，分别为6张我的优点，6张我较为认识的成员身上的优点，6张虽然现在不熟，但可以成为我朋友的人的优点。②18张优点的便利贴，至多可以留下6张自己喜欢的，其他张可以送给其他成员，但同一个成员只能送出一张。③最后回到大团体中，分享自己收获的优点贴数量，请获得最多优点贴的成员分享感受。④分享问题：在拥有的优点贴中，自己最喜欢的是哪一张？如何获得这些好的特质，或拥有这样的特质在人际关系中有哪些好处？

第三次团体活动

**（1）活动名称：微笑握手**

活动目的：通过握手，成员间有了身体的接触，有利于打破坚冰，活跃现场气氛。

具体操作：在规定时间内和所有成员握手，握手时脸上面带微笑，并互相说："今天见到你，我也很开心呀。"

**（2）活动名称：我们的同与不同**

活动目的：学会发现同伴与自己的不同和相同之处，达成和谐共处。

准备：活动用纸、2B铅笔或黑色中性笔。

具体操作：①分发给每位成员一张画有圆形、正方形和三角形的纸，见图21.3。②要求成员在任意一个图形上"添一笔"，只能选择一个图形，添一笔。③完成后，在大团体中选择和自己图形相似的成员，签上对方的名字。④完成后回到大团体中，分享感受，特别是没有找到图形相同或相似的成员，重点分享感受。

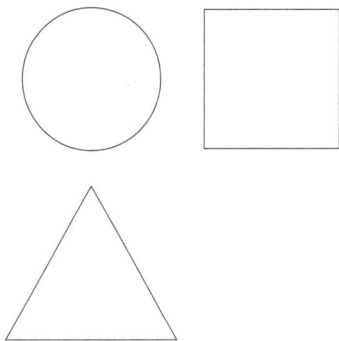

**图 21.3　我们的同与不同的活动材料**

**（3）活动名称：互动一笔画**

活动目的：通过互动促使成员体会来自合作伙伴支持的重要性，加深彼此间的人际支持。

准备：素描纸（8开）、水彩笔。

具体操作：①两两成员随机分组配对。②每组成员，分别选一支代表自己颜色的水彩笔，注意"互动一笔画"整个活动中，不能换别的颜色的笔。③在规定时间内，每个人先在素描纸上随意画一笔后，两人交换，在对方的素描纸上继续画一笔，继续交换。④规定时间内完成后，各成员分享自己的感受。

**（4）活动名称：拼贴你的故事**

活动目的：在互动一笔画的基础上，使用拼贴画技术，自己构造故事，旨在表达"故事"中有你和我两个人的参与，加强合作者的互动和感受，促进双方交流。

准备：素描纸（8开）、中性笔、彩铅、旧杂志、胶水。

具体操作：①仍为两两配对（延续上一个活动的分组），每一个成员在一张素描纸上，用中性笔将素描纸画成7个部分，对等分不做要求。②选择框1，画一笔画，可随机画，并取名。③交换素描纸，选择框2，画一笔画，并取名。同时为框1，用彩色笔添加细节部分。④交换素描纸，选择框3，画一笔画，并取名，同时为框2，用彩色笔添加细节部分。⑤交换素描纸，选择框4，画一笔画，并取名，同时为框3，用彩色笔添加细节部分。⑥交换素描纸，选择框4，用彩色笔添加细节部分。同时选择框5，选择旧杂志上的图案剪下并贴上。⑦交换素描纸，选择框6，选择旧杂志上的图案剪下并贴上。⑧换回自己的素描纸，同时在框7内，使用框1至框6的素材编写故事。⑨完成上述任务后，在大团队中分享自己的故事和活动过程中自己的感受。

**（5）活动名称：为你作画**

活动目的：通过记住对方的特征，来加深成员彼此间的联系，深化活动主题。

准备：素描纸、彩铅。

具体操作：①观察某一个成员，与他/她畅谈5分钟后，为他/她画一张画像，完成后，签上自己的名字，送给他/她。②在大团队中分享自己为什么要这样画他/她。

第四次团体活动

**（1）活动名称：自由行走**

活动目的：促使成员体会一定空间内的自由和放松，帮助成员意识到边界感和安全感的重要性。

准备：轻音乐伴奏。

具体操作：要求成员闭着眼随轻音乐自由行走。

**（2）活动名称：我认为的边界**

活动目的：促使成员将人际交往的边界具象化，了解彼此对人际边界理解的不同。

准备：素描纸（8开）、油画棒。

具体操作：①带领老师对人际边界相关知识进行介绍。②请成员画出自己对人际边界的认识。③分享画作。

**（3）活动名称：快慢节奏曲**

活动目的：促使成员达成初步的人际边界的意识。

准备：黑色A4纸、油画棒、多首快节奏和慢节奏的音乐。

具体操作：①成员两两配对，讨论彼此性格，分出急性子和慢性子。如果实在是分不出彼此的性格，民主讨论谁快谁慢。②带领老师通过播放"快—慢—快—慢—快—慢—快—慢"形式的音乐伴奏，成员交替作画。

**（4）活动名称：走近边界**

活动目的：通过情境设置，促使成员直接体验设置边界感、破坏边界感、走近他人边界感，深刻意识到人际边界设立的重要性。

准备：丝巾（1.6米以上）若干条（按照组队数准备）。

具体操作：①组员两两配对，假设刚刚急性子的同学为A，慢性子的同学为B。②设置场景1：A同学使用丝巾给自己设置边界，在边界内，B同学无法踏入。但是B同学可以在边界周围尝试各种方式进入边界，但A同学要用手拒绝。③设置场景2：A同学使用丝巾给自己设置边界，B同学扮演破坏者，使用各种方法破坏A同学的边界，但是A同学这次不能用手拒绝，只能修补边界。④设置场景3：A同学使用丝巾给自己设置边界，B同学需要使用各种方式请求进入A同学的边界中，在征得A同学的同意后，A同学邀请B同学进入边界内。⑤交替进行以上的3个场景。

**（5）活动名称：边界的再确认**

具体操作：同"我认为的边界"，继续画下此时此刻认为的边界。并回到大团体中，分享自己对边界的认识和活动的感受。

第五次团体活动

**（1）活动名称：进化论**

活动目的：活跃气氛，加深交流。

具体操作：①进化分为四级，即鸡蛋、小鸡、凤凰和人类，每级的动作如下：鸡蛋——蹲下来，双手抱膝；小鸡——半蹲，双手叉腰；凤凰——站立，双手举过头顶；人类——站立到指定区域。②活动一开始，全体成员蹲下视为鸡蛋，然后两人一组开始猜拳，获胜的一方则进化为小鸡，输拳的一方仍为鸡蛋，然后鸡蛋找鸡蛋、小鸡找小鸡，再两两一组开始猜拳，在此期间有进化，有降级。③如为鸡蛋则不再降级，进化为人类后则不再两两猜拳。

**（2）活动名称：你画我猜**

活动目的：促使成员了解沟通不是单向的，是双向的，并找出减少错误的方法。

准备：印有2个难度相似的几何图形的图纸、白色A4纸、中性笔。

具体操作：①选出一位成员口述图形，其他成员背对该成员画出该图形，过程中其他成员不准问问题。②等第一次图形画完后，请成员先看一下大家的图，再转身进行第二次画图，这次成员可以问问题。③完成后，成员在大团体中讨论两次画图的区别，哪次沟通更有效，哪些因素妨碍了沟通，可以如何改进。

（3）活动名称：我该救谁

活动目的：帮助成员认识到每个人认识问题的差异性，同时在沟通中解决差异性，最后达成共识。

准备：人物重要性表格（见表21.4）、中性笔。

具体操作：①将成员分成 4 组。②设置场景：某远航公司的客船在海域触礁，还有半小时沉没，船上共有 16 人，有一只救生艇只能承载 6 人，你会救谁？③要求成员在提供的人物表格中选出 6 人，并写明原因。④要求每一组讨论后达成共识，给出小组选择的答案。⑤完成任务后，分享刚刚在小组中与其他成员意见不合时的感受和处理方法。

表21.4　人物重要性排序表

| 人物设置 | 性别 | 年龄 | 个人选择顺序 | 小组选择顺序 | 差异和原因 |
|---|---|---|---|---|---|
| 船长 | 男 | 45 岁 | | | |
| 船员 A | 男 | 30 岁 | | | |
| 船员 B | 男 | 25 岁 | | | |
| 船员 C | 男 | 19 岁 | | | |
| 副省长 | 男 | 62 岁 | | | |
| 副县长 | 女 | 39 岁 | | | |
| 副县长的儿子 | 男 | 12 岁 | | | |
| 海洋学家 | 男 | 59 岁 | | | |
| 生物学家 | 女 | 33 岁 | | | |
| 生物学家的女儿 | 女 | 3 岁 | | | |
| 警察 A | 男 | 40 岁 | | | |
| 警察 B | 女 | 34 岁 | | | |
| 罪犯（孕妇） | 女 | 29 岁 | | | |
| 医生 | 男 | 44 岁 | | | |
| 护士 | 女 | 23 岁 | | | |
| 因工负伤的重病人（昏迷） | 男 | 26 岁 | | | |

（4）活动名称：我讯息

活动目的：促使成员练习"我讯息"的沟通表达方式，协助成员发展适当的表达方式及同情能力。

准备：布偶一只。

具体操作：①提供情境：你交了一个新朋友，他很喜欢跟你同进同出，然而他有个小毛病，很喜欢迟到。每回你们约好去哪里的时候，你至少要等他半小时，导致你们常常赶不上电影或者活动。今天你们约好了一起去看电影，但是，他又迟到了45分钟。②请每位成员以短短几句话表达当你见到他时，会有什么反应。③听完所有成员的表达后，讨论哪位成员的表达方式不错，好在哪里。④点出"我讯息"的运用方式（发生了什么事情、我感觉如何、这件事情如何影响我），并指出"我讯息"在人际沟通中的重要性。

### 第六次团体活动

**（1）活动名称：OH卡故事接龙**

活动目的：活跃团队气氛，增加成员间的凝聚力。

准备：OH卡。

具体操作：①第一个成员抽一张图卡，直觉创作一句话。②第二个成员抽一张图卡，直觉创作一句话，所创作的内容和上一个人的内容，必须串联起来变成一段连续的故事，第三位成员以此类推。③每个人都将自己的卡片保留，直到所有的成员说完为止。④最后一名成员负责将故事收尾，并给整个故事取名。

**（2）活动名称：我生命中的ta**

活动目的：促使成员通过自由联想，回忆起曾经在新冠疫情中看到的事迹或者帮助过自己的人。

准备：OH卡。

具体操作：仍使用上一个活动抽到的OH卡片，结合卡片的要素，要求成员联想在新冠疫情期间，给过自己帮助的人，或者自己听到的故事，分享自己的感受。

**（3）活动名称：一路有你**

活动目的：促使成员通过亲身体验来理解人际交往中的信任这一抽象概念。

准备：眼罩。

具体操作：①成员两两配对，其中一名成员戴上眼罩充当盲人。②另一名成员带着盲人踏上旅途，让盲人成员尽可能多地体会体验周围的环境。③全程不能说话，但要保持安全。④互换角色，重复练习。⑤进阶版：第一次"接触不说话"，第二次"说话不接触"，互换角色，重复练习。

**（4）活动名称：生命之队**

活动目的：使用"生命之队"的隐喻，来回忆和激发成员对生活中人和事情的思考，分析问题处理时能获得社会支持的资源和方法，加深人与人之间的联结。

准备：画有足球场的A4纸一张。

具体操作：①在画有足球场的纸张上创建自己的"生命之队"，回答以下的问题：

谁是你"生命之队"的队员，这些人可以是在世的，也可以是已经去世的，可以是你现在生活中有联系的人，也可以是你过去认识的人。这些人中对你有着重大影响（积极方面）的人是谁？

守门员：谁是可以为你守望、最值得你信赖的人？

你的防守：谁会帮你守住你的梦想，保护你最珍贵的东西？

你的进攻：谁会帮助你，并鼓励你？

其他队友：谁是你生活中的其他队友，和你一起打拼，一起开心的人？

教练：你向谁学习了最多的东西？他们教会了你什么？

交换：是否有些人，有时对你的生活有很大帮助，而有些时候一点帮助都没有？

主场：哪些地方是你最有"家的感觉"的地方？

队歌：哪一首歌在你遇到困境时，是最能激励你的？

看台上的支持者：谁是希望你表现出色的人？

进球：生活中，是你单独完成了所有的目标，还是有一些是在别人的帮助下完成的？

训练：为了实现目标，你平时都做了哪些努力？

庆祝：你会和谁一起庆祝呢？

最难忘的比赛：在你的生命中，哪一件事情让你觉得团队的合作很重要？

**（5）作业布置：人际通通乐**

回想你最近的生活中，是否有发生与人争吵或令你感到不快乐的时间，写出 2～3 个，如表 21.5 所示，这些事件最好是与人相处上有关联的问题。

表21.5　行为记录表

| 日期 | 冲突事件（和谁发生冲突、什么事？） | 我的处理过程与方式（我说了什么，做了什么？） | 结果（我的感受以及对方的感受，我对结果感到愉快吗？） |
|---|---|---|---|
|  |  |  |  |

**第七次团体**

**（1）活动名称：传字游戏**

目的：活跃气氛，增强凝聚力。

具体操作：①第一个成员向一边成员传递三个字的词语，如"我饿了""你真好"等。②接收到词语的成员可以同方向继续向下传递同样的三个字的词语，如三个字的词语因传递过程中的误读而发生变化，则需要反向回传。以此类推。

**（2）活动名称：凹凸的合作**

活动目的：互相合作，应对不同的沟通问题。

准备：自制 4 套拼图（用海报或杂志图片，贴在硬卡纸上，然后剪成 30 块有凹凸形状的小块）。注意：每一套中，都有其他 3 组的 4 块拼图，共 12 块。

具体操作：①成员随机分成 4 组，每组中按照职能分成：拼图者、社交者（去其他组要拼图的人）、阻挠者（阻止其他组来讨要拼图的人）。②在限定时间内，各组齐心协力完成拼图。③完成后讨论以下问题：组员中谁最主动、谁最被动？什么因素让团队完成得快/慢？在整个过程中，你感觉如何？

（3）活动名称：**人际通通乐**

活动目的：促使成员了解不同的人对事情的认识和解决的方式都不同，同时，协助成员解决人际困扰问题。

准备：上一次团体活动的作业单、素描纸（4开）、中性笔。

具体操作：①成员拿出作业，仍按上一个活动分组。②每一组的成员商量解决每一个成员的一个问题，达成共识。③在素描纸上，写下达成共识的几个问题，每一个成员均写下自己认为的解决方法，并讨论是否可行。④汇总。

（4）活动名称：**画笔的传递**

活动目的：进一步促进成员的互相支持和协作。

准备：A4纸、水彩笔。

具体操作：①仍按上一个活动的分组，每一个成员选择一个颜色的水彩笔后不得更改。②先由成员在2分钟内不限制主题地绘画。③以顺时针方向传递画作后，继续绘画，限时2分钟。④顺时针直至所有人都完成传递和绘画。⑤分享感受。

布置作业：给团队中印象最深的成员写一封匿名信，表达你对他的感情。

### 第八次团体活动

（1）活动名称：**按摩操**

活动目的：放松身心，活跃气氛。

具体操作：成员在带领者的口令指引下，站成一个圈，依次为右手边的同学揉捏肩膀、拍打后背，做按摩放松。

（2）活动名称：**朗读者**

活动目的：处理离别情绪，总结经验。

准备：上一周团体活动后布置的匿名信作业。

具体操作：将所有的匿名信放在一个筐中，随机抽取朗读。

（3）活动名称：**礼物大放送**

活动目的：成员互赠礼物。

准备：礼物赠送单。

具体操作：如表21.6所示，完成礼物赠送单后，分享感受。

表21.6　礼物赠送单

| 成员 | 你送给他的礼物 | 你从他那里得到的礼物 |
| --- | --- | --- |
|  |  |  |

（4）活动名称：**未来我们一起的旅行**

活动目的：结束团体辅导。

准备：素描纸（4开）、油画棒。

具体操作：共同完成主题绘画，并合影告别。

## 🔍 效果评估

对干预实验组的30人开展团体辅导干预，8次团体活动结束后，再进行第二次量表测量。对两次测试结果进行差异分析。对照组成员在第一期团体干预中，不采取任何干预方式，也不告知其为对照组成员，同样需进行第二次量表测量。

对干预实验组的30名成员在完成团体辅导后，要求填写活动反馈表，对结果进行探讨，进一步评价团体辅导的干预效果。

### 1. 测量结果

**（1）人际关系综合诊断量表**

对不同的两组使用不同的统计方式，采用独立样本t检验讨论两组基线（前测）与团体辅导结束后（后测）的人际关系综合诊断量表的得分差异，用配对样本t检验进行干预实验组的前测后测，进行组内比较，探讨差异性。

根据独立样本t检验的统计结果得出，在未进行人际关系成长团体辅导前，干预实验组和对照组在人际关系综合诊断量表的各个维度和总分上均差异无统计学意义。经过团体辅导干预后，干预实验组的四个维度和总分均显著低于对照组。

从配对样本t检验的统计结果来看，干预实验组成员的人际交往诊断量表总分和四个维度的得分均小组低于团体辅导开始前，对照组前后测无差异。

**（2）症状自评量表**

经过团体辅导干预后，实验组成员的症状自评量表总分、总均分、强迫、人际关系因子、焦虑因子、敌对因子、恐怖因子、偏执因子、精神病性因子及其他因子的得分均低于前测，差异有统计学意义。

### 2. 成员反馈

**（1）团体辅导效果评估问卷结果**

在进行本次团体辅导之后，对参加团体的成员进行了团体辅导效果评定问卷调查，从团体辅导效果评定问卷调查表中可以看到，30名同学中，有8名同学表示人际交往能力显著提高，比例达到了26.7%；有20人表示人际交往能力提高较为显著，比例达到了66.7%；2人感觉没有提高。在与人交往信心方面，26人表示人际交往的信心有了很大的提高，2人表示信心有了较为明显的提高，2人感觉没有提高。当被问到是否愿意再次参加团体辅导时，有26人表示十分愿意再次参加，2人表示可以再次参加，2人表示不愿参加。

其他方面上，在被问及"你对本次团体辅导哪些地方满意或不满意"时，3 名同学对本次团体辅导不太满意，不满意的主要问题是：团体辅导的次数太少；希望可以在团队中接触更多的同学。

团体辅导之后，从成员对其个人感受、相互交流分享等看出，成员对本次团体辅导是认可的，并感觉自己能够在团体中获得温暖，能够在团体辅导中获得人际交往的帮助。

**（2）团体成员的感受**

从了解到的结果可以看出，成员对本次团体辅导具有较高的认可度，成员自身在团队中感受到了温暖，并认为团体辅导对自己在其他方面也起到了一定的帮助。同学 A 说："刚开始，大家都不太认识，感觉很尴尬，但是慢慢地通过互动，彼此认识，虽然团体结束了，但感觉以后可以成为很好的朋友。"同学 B 说："在团体中，大家都彼此信任，自信心不断提高，以前有些社恐，感觉一个团体把自己社恐都治好了。"同学 C 说："在活动中，我不仅学会了一些人际交流的技能，最大的收获是感受到了自己不是一个人，背后有很多人在支持我，这个经历会让我一辈子都记得。"

## 💡 案例启示

### 1. 人际关系成长团体辅导的效果评价

人际关系成长团体辅导对促进人际关系和谐、提升人际交往能力的干预具有较好的效果，团体辅导根据部分学生存在的共性问题，有针对性地设计活动，激发其内在动力，引导学生直面问题，发掘自己的人际交往潜能。同时，团体干预较个体辅导受众面较广，干预效果也更佳。疫情防控后，群体对人际交往的认知和行为都发生了变化，但实际上，"00 后"的人际交往观本身的形成就具有时代性，是需要一个相对长期的过程去适应和改善的，而团体辅导干预的时间仍然较短，对个人的人际交往能力提升作用也有限。

### 2. 人际关系成长团体的改进措施

与个体干预相比，团体辅导较个体心理辅导受益范围更广，且辅导干预周期更短，干预效果也更突出有效，但团体辅导方式也有一定局限性，它易忽视由于个体差异引发的深层次人际交往问题。另外，本次团体辅导干预时间较短，而人际交往能力提升是一个相对长期的过程，无法一蹴而就。短时间内的团体辅导，对个体交往能力的实证性还有待验证。在干预方案的设计上，首先，应更多考虑团体和个体有机结合的方式；其次，整个团体辅导中增加动态的干预效果评估，提升团体心理活动的效率；最后，充分利用好入组访谈，给予特殊状态的学生持续关注，避免因为过分关注团队效果而忽视个体。

　　自 2019 年浙江省高校辅导员岗前心理专题培训项目第一期开课以来，此后每年的暑期，活跃在省内心理健康教育一线的高校专职心理教师都会参与其中，为广大辅导员和学工线的老师们传递心理助人的知识和技能。感谢浙江省教育厅宣教处的丁晓老师促成了项目的最终落地，拉起了我们这支专业的师资队伍，感谢浙江省高校心理咨询工作联盟的专业骨干教师们，承担起全部授课内容的准备。每年的集体备课会，可以说是我最向往的活动之一，因为在那里既有专业火花碰撞的喜悦，又有与同道相逢的兴奋。为了这个项目的可持续发展，在 2019 年的联盟会议上，我们决定编写两部"教材"来帮助学员们系统地学习心理助人技术：一本基础理论，一本工作案例集。这便是高校辅导员心理助人"姊妹篇"的缘起。

　　2021 年的夏天，《高校辅导员心理助人理论与实务》出版，2023 年的夏天，她的姊妹篇《高校辅导员心理助人实务案例》也即将问世，我们的整体项目初战告捷。此时此刻最想表达的依然是感谢！

　　首先，向参编的省内诸高校辅导员们表示诚挚的感谢！我是从专业课教师转岗到学工线的，这些年，通过和辅导员们的频繁交流，我发自内心地为这支队伍点赞，他们的工作热情极大地影响了我，帮助我迅速融入一个新的角色中。他们在繁忙的工作之余，将自己育人实践中的宝贵经验和智慧都贡献了出来，凝结成这本案例集的雏形。他们是：易招娣、卞小莉、叶文、林秀冬、张凤娇、徐娟娣、王文强、詹美燕、金鑫、朱蕾、阮敏尔、陶俊浪、骆笑、王盛、邹涌彬、孙玮玮、奚琬、盖英男、方喆、张季屏。

　　其次，感谢所有参编的心理健康专业教师骨干，他们将心理助人的技术理念与辅导员的工作实践做了一个紧密的联结。在对每一个案例的专业评述中，我们的思想得以不断碰撞出灵感的火花。与他们的相遇也开启了我在专业上更深的思考与领悟。希望本书的读者们也能感受到这份"学以致用"的联结。

　　感谢我的两位同事：梁社红老师搭建了本书最初的框架，作为理论教材的副主编，她对两本教材体系的整体性把握精准，案例类别选择贴合辅导员工作的实际；黄皓明老师有着深厚的心理健康教育知识积累，他对本书的导论撰写和整书逻辑结构统筹做了大量的工作。他们的默默付出为案例集的编写奠定了坚实的基础。

　　感谢教育厅领导和各高校的学工线领导们，你们全心的支持不仅是所有编者写作的动力，更是大家工作的坚实依靠，让我们每天的努力都有了清晰的方向。

最后，诚挚感谢浙江大学的朱婉儿老师和浙江省教育厅的丁晓老师，你们作为这项工作的开拓者，为我们披荆斩棘，铺就了这条专业成长之路！

绵绵用力，方可久久为功。高校心理健康教育工作的推进不仅需要我们不断推陈出新，精益求精，更需要有深耕不辍、锲而不舍的精神。提笔写下此文，往事历历在目。亲爱的有缘人，当你读到这本书时，希望我们可以于此共鸣、共勉！

祝一虹

2023 年夏于浙大紫金港